普天之下・盡是好書
普天出版家族
Popular Press Family
凌雲
A Plus Creative Company
文創

Be Human by Wisdom

Thick Black Theory is a philosophical treatise written by Li Zongwu, a disgruntled politician and scholar born at the end of Qing dynasty. It was published in China in 1911, the year of the Xinhai revolution, when the Qing dynasty was overthrown.

做人靠智慧

活用智慧，才能為自己創造更多機

做事靠謀略

全新增訂版

莎士比亞曾經如此說道：

「才華智慧如不用於有用的地方，
便和庸碌平凡毫無差別。
造物者是個精於計算的女神，
她把給予世人的每一分才智，
都要受賜的人感恩，善加利用。」

確實如此，做人做事多一點心眼，才會多一點勝算，不管做什麼事，事先都要有周密的計劃和盤算。
一般人之所以失敗，多半是由於做人太過單純，思想太過僵化，不懂得權謀變通。
做人靠智慧，做事靠謀略，想要在人生戰場獲勝，就要把心機用在最恰當的時機。
要是只會死守教條，腦袋不懂得轉彎，永遠只會讓別人騎在自己頭上。

Thick Black Theory is a philosophical treatise written by Li Zongwu, a disgruntled politician and scholar born at the end of Qing dynasty. It was published in China in 1911, the year of the Xinhai revolution, when the Qing dynasty was overthrown.

金澤南

【出版序】

做人要純真，做事要深沉

•金澤南

許多有天分的人常常會恃才傲物，其實應該仔細想想，究竟該怎麼做才能讓自身的才能發揮更大功能。

出眾的才能，在許多人的眼中就有如閃亮的寶石，經常是價值連城的珍寶。

不過，在這個世界上，也有許多很難用來換取實際利益的才能，究竟該如何利用它們，就得靠我們的聰明才智了。

英國作家赫胥黎曾經寫道：「人生最大的悲哀，就是純真的想法，往往被醜陋的事實扼殺。」

一個再有能力的人，也要具備一些心機，更要懂得把心機發揮在可以勝出

的地方，如果你不具備一些城府，說好聽一點的是「單純天眞」，說難聽一點的就是「愚蠢無知」。

空有滿腹才華卻恃才傲物，讓自己寸步難行，或是不知如何運用智慧，讓才華發揮最大功效，最後都會成爲失敗者。

十六世紀初，有很多科學家都面臨著生活艱難的處境，義大利天文學家及數學家伽利略也不例外。

有時候，他會把自己的發現和發明當作禮物送給當時最重要的贊助者，從他們那裡得到資助從事研究。然而，不管發現多麼偉大，這些贊助人通常都是送他禮物，而不是贈與現金，因此他常常沒有安定的生活。

一六一〇年，他發現了木星周圍的四顆衛星。這一次，伽利略經過一番深思，把這個發現呈獻給麥迪西家族。

他在寇西默二世登基的同時宣佈，從望遠鏡中看見一顆明亮的星星——木星出現在夜空中。

伽利略表示，木星的衛星有四顆，代表了寇西默二世和其三個兄弟；而衛星環繞木星運行，就如同這四名兒子圍繞著王朝的創建者寇西默一世一樣。

將這項發現呈獻給麥迪西家族之後，伽利略委託他人製作一枚徽章——天神邱比特坐在雲端之上，四顆星星圍繞著他。伽利略將這枚徽章獻給寇西默二世，象徵他和天上所有星星的關係。

同年，寇西默二世任命伽利略為宮廷哲學家和數學家，並給予全薪。對一名科學家而言，這是伽利略人生中最輝煌的歲月，四處乞求贊助的日子終於成為了歷史。

多花點心思，往往會讓自己找到更寬闊的出路。

在這個人人都想出人頭地的社會，掌握「做人靠智慧，做事靠謀略」法則，無疑是脫穎而出的先決條件。

用現代的眼光來看，伽利略的確是一名出色的科學家與天文學家，不但值得得到社會的敬重，本身所擁有的知識也是價值非凡的。

不過，在十七世紀的歐洲，人們還不明白科學的重要性，不知道伽利略的才能足以爲世界帶來什麼樣的貢獻，因此，伽利略除了在科學上不斷努力之外，還必須想辦法用他的才能換取繼續研究的資金與動力。

許多有天分的人常常會恃才傲物，對於爲人處世、進對應退，絲毫不懂得多加學習及運用，也因此常常過著孤寂窮困的生活。

這樣一來，其實最後吃虧的還是自己，因爲沒有穩定的生活與從事研究或藝術工作所需的資金，多數人的才能就在「求生存和求溫飽」當中消磨殆盡，以至於無法盼到才華發光發熱的那一天。

不管做什麼事，一定要講究策略和技巧。如果你不願花點心思想想，老是直來直往，非但無法順利達成目的，還會陷入各種無法預知的陷阱和困境之中，使自己的人生充滿危機。

01. 不掩飾鋒芒，小心自取滅亡

聰明、有才華的人必須時時注意謹慎發揮自己的聰明才智，不懂得自我保護的人往往過早隕滅，即使有天大的才華也無法發揮出來。

02. 做人靠智慧，做事靠謀略

在局勢不利的時候潛伏不動以待將來，如果機遇來臨，身邊的環境都處於十分良好的情況，就可以「飛龍在天」，大展宏圖了。

03.

適時裝傻，隱藏自己的想法

在做大事時要把自己的目的、意圖隱藏起來，像收緊一個口袋一樣把自己內心的想法牢牢地掩蓋起來，不被別人瞭解自己的真正企圖。

04. 將心比心，才能收買人心

人必須具有寬容的胸襟，不要因為一些小事而斤斤計較，必要時記得做人做事的藝術，有所忍讓，便能泯滅許多不必要的爭執和拚戰。

05. 小心謹慎，才不會惹禍上身

在封建制度裡皇帝總是猜忌誅殺功臣的社會環境之下，郭子儀的處世態度，可說給予了後人無盡的啟示。

06. 用蠻力，不如用腦力

人的智慧是老天賜給我們最大的禮物，若棄之不用，就像是沒有蠟燭的燈籠，失去了存在的意義。

07. 別將好心用在惡人身上

即使我們的出發點是良善的，萬一幫助了不該幫助的人，最後受害的可能不只是自己，還有許許多多無辜的人呢！

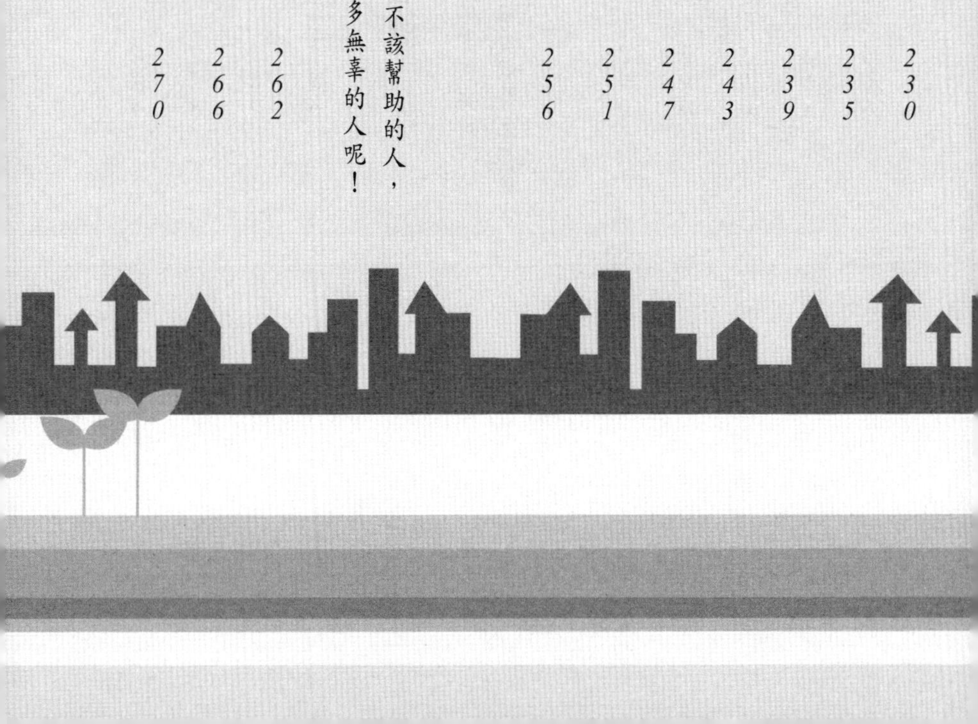

08. 不要讓負面情緒在心中堆積

每天都生氣的人不一定活得快樂，但憤怒確實需要排解的管道與方法，忍氣吞聲絕非好事，這是每個心理醫生都會同意的說法。

09. 兩全其美才是最高智慧

遭遇到兩難的問題時，如何在「事」與「人」這兩端間尋找到一個兩全其美的平衡點，是值得學習的思維方式。

10. 心態持平，才能做出正確決定

人們常常因為喜愛、輕率，而將現實美化與理想化。因此，在做出任何決定之前，我們都應該提醒自己，慎重，再慎重。

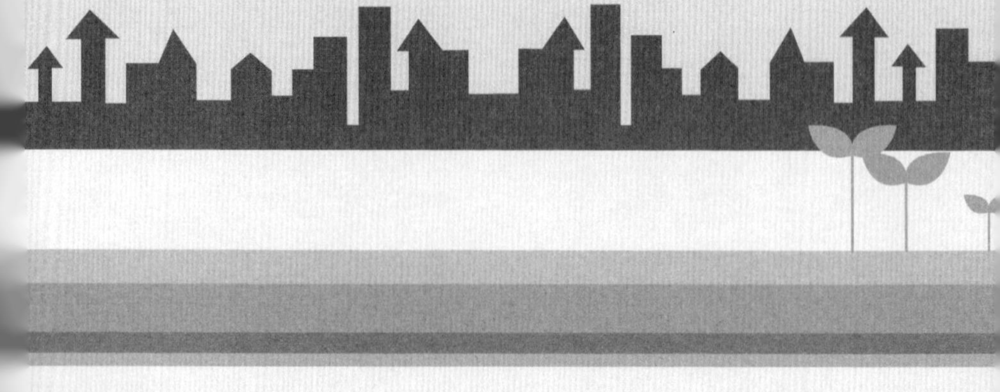

01

不掩飾鋒芒，小心自取滅亡

聰明、有才華的人必須時時注意

謹慎發揮自己的聰明才智，

不懂得自我保護的人往往過早隕滅，

即使有天大的才華也無法發揮出來。

摸清對方脾氣，自然事事順利

要了解一個人，必先得加以「觀察」，聽其言、觀其行，如此才能有更深一步的認識，並拿捏出最適宜的相處模式與分寸。

西方有句俗諺說：「要讓狗聽話，就要順著牠的毛摸。」

不管是看來一臉兇狠、生人勿近的狼狗，還是嬌小玲瓏、乖巧可愛的迷你犬，只要順著這些狗的毛溫柔地撫摸，牠們都會對你言聽計從。

人不是狗，不過要讓人聽話，也非得順著人的「毛」來安撫不可。說穿了，所謂的「毛」，指的就是脾氣。人雖然沒有毛，卻有不同的脾氣，要他人順你的意走，首先得摸清對方的脾氣。

北宋著名政治家王安石的夫人是個有潔癖的人，整天都忙碌的四處打轉，不停地指揮著下人們擦拭清掃，家中每一個角落都必須保持一塵不染，否則，她便會大發脾氣。除此之外，夫人自己更是每天洗手十幾回，洗澡兩次，無論春夏秋冬，衣服一律半天一換，簡直到了病態地步。

更甚者，連下人和王安石的習慣她也要干涉，看到他們的衣服、鞋襪不乾淨，她便怒氣沖天，為此，王安石經常和她爭執，可是夫人仍舊不改風格。下人們全都害怕這位有潔癖的夫人，每個人都巴不得能離她遠一點。

這年，王安石變法失敗，只得辭官回家鄉養老。不久，兩個官差來到王安石家，對管家說，王大人為官期間曾向江寧府借了一張藤床，如今王大人既已卸任，按規定這藤床也要歸公才是。

管家一聽，頓覺相當苦惱，藤床在夫人那裡，夫人又是個愛貪圖小便宜的人，肯定不會輕易交還的。

官差走後，管家坐立不安，不住地盤算各種方法。他在王家待了好多年，清楚記得有好幾次夫人拿了官府的東西，人家來追討，她都厚著臉皮把來者轟出去，這次該怎麼辦呢？

管家一連幾天心神不寧，仍想不出什麼好主意，只好一五一十對王安石說了實話，王安石知道自己夫人的脾氣，於是不慌不忙地回答道：「別急，我會把藤床要回來。」

一天清早，王安石見夫人剛剛起床，正在梳妝，便光著腳下床，跳上了藤床。過了一會兒，夫人梳妝已畢，回頭竟看見丈夫光著腳丫躺在藤床上，還把床弄得亂七八糟，氣得一邊大罵王安石，一邊對屋外大喊：「這麼髒的東西，快來人給我抬出去，從今以後都不准放在我屋裡。」

於是，管家順利地將藤床還給了江寧府衙。

王安石的夫人雖然有愛貪小便宜的毛病，但潔癖更爲嚴重，王安石就是抓準這一點，不費吹灰之力便達到了自己的目的，眞可說是「用蠻力不如用腦力」的最佳典範了。

每個人有不同的個性、不同的脾氣。對同樣的人，可能會產生極端的兩種評價，或許有人覺得某某人很有原則，但看在另一方眼中卻是「難搞」，爲何會有這麼大的落差？差別就在於對這個人的習性、脾胃是否了解，又了解多少。

要了解一個人，必先得加以「觀察」，聽其言、觀其行，如此才能有更深一步的認識，並拿捏出最適宜的相處模式與分寸。

舉例來說，面對一個小氣的人，務必把彼此的帳算清楚；面對一個對朋友慷慨大方的人，與他錙銖必較，反而易傷了和氣。

用相同的態度去面對脾氣不同的人，肯定會產生不同的結果。

人與人之間的相處沒有所謂「絕對」，若想讓彼此的相處更愉快，那麼一定要對對方有相當程度的了解。更進一步說，希望讓他依你的意思辦事，更是必須把對方的個性徹底摸透。

千萬不要說破上司的心思

在處理上下級關係的時候，真正聰明的人要學會一些智慧，即使知道了上司的心思也不要說破，不要讓自己顯得處處高人一等。

在阿拉伯國家裡流傳著這樣一個故事：

從前，波斯有一位愚蠢但又自以為是的國王。有一天，這位國王和他的宰相一起去御馬監視察，國王望著眼前不計其數的駿馬和駱駝，非常得意地問御馬監的官員道：「現在正是繁殖的季節，我想我又多了許多小駱駝吧？」

御馬監的官員恭敬地回答：「是的，國王陛下。最近三天，我們每天都有五隻小駱駝出生。」

國王想炫耀一下他的數學才能，於是說：「原來如此，那麼這三天來我又多了十四隻駱駝了，是嗎？」

站在一旁的宰相急忙說：「陛下，您算錯了，三乘五應該等於十五才對。」

國王立刻羞憤地漲紅了臉。這時，御馬監的官員走上前說道：「宰相大人，應該是您算錯了才對。自從我出生開始，就知道三乘五等於十四，我們家鄉的人都是這麼認為的。」

國王理直氣壯地說道：「就是嘛，三乘五本來就等於十四，是你老糊塗了吧！」

過了不久，宰相就被免職回鄉「養老」了。而那個「從出生時就認為三乘五等於十四」的御馬監官員最後則當上了宰相。

這個故事告訴我們，在某些情況下，對任何一個「聰明人」來說，三乘五都等於十五，可是對一個看似「糊塗」的人來說，他的答案卻是十四。這並不表示他眞的認爲三乘五等於十四，而是故意用裝糊塗的方式來趨利避害。

糊塗，在字典中的解釋是「人的頭腦不清楚或不明事理」，聰明的解釋則是「頭腦反應快，記憶和理解力強」。顯然就這兩個辭彙的本義來說，聰明對一個人來說是好事，糊塗則是不好的。

的確，一個擁有聰明頭腦的人學習比常人快、思考比常人清晰、判斷比常人準確，這些優越的條件足以使他在面對相同的事情時，能夠獲得事半功倍的效果，更容易取得成功，但社會現實卻常常並不是如此。

聰明固然有許多好處，但同時也帶來了許多害處，其中最大的兩個害處是：第一，聰明人過於相信自己的能力，導致自負、自大、自我膨脹。第二，聰明人常常表現得高人一等，容易招致嫉妒和排擠。

像剛剛故事中提到的那位宰相就是這樣，正是他的自負，使他不假思索脫口而出指責國王的錯誤，國王爲了掩蓋自己的無能只好將他罷官離開朝廷。

這樣的例子，在歷史上不勝枚舉，其中最典型也最爲人們津津樂道的就是曹操和楊修的故事。

楊修，字德祖，是弘農華陰（今陝西華陰縣）人。從他的高祖楊震一直到他父親楊彪都在朝廷上做到三公的職位，雄厚的家學淵源給予了楊修聰明的頭腦，但同時也給了他一顆恃才傲物的心。

後來，楊修做了曹操的丞相主簿（相當於今天的秘書長），將政務處理得十分有條理。有一次，他和曹操一起外出，曹操在路上問了幾件政事，楊修就按照自己的推論把曹操有可能採取的政策記了下來。

回來後楊修告訴手下：「你們把這幾件事準備好，預備丞相吩咐。」

結果，等曹操的政令一下來，下面的工作卻早已經籌備得差不多了，讓曹操感到十分驚訝。

據說，曹操曾經命人建了一個花園，花園建造完成以後，他帶領人們去遊覽，但不置褒貶，只取筆在大門上寫了一個「活」字。眾人都不解其意，唯獨楊修說：「門內添活字，乃闊字也。是丞相嫌園門太寬闊了。」

於是，眾人便將園門加以翻修。過了數日，曹操見園門竟然改裝得稱心如意，一時之間非常高興，但當他得知是楊修猜透了自己的想法時，內心開始對楊修感到十分忌憚。

又有一日，塞北送來一盒酥餅。曹操吃了幾口，一時起了興致，提筆便在盒蓋上寫了「一合酥」三個字，放在案上後便離去。楊修等人入內看見，竟取來與眾人吃了個精光。曹操問為何這樣？楊修說：「丞相有令，一人一口酥，我等不敢不遵從。」

曹操當時雖然笑了，但內心卻十分厭惡楊修這種自作聰明的行為。

曹操生性多猜疑，深怕人家在自己睡覺的時候暗中謀害自己，常吩咐左右說：「我夢中好殺人，凡我睡著的時候，你們切勿近前！」一天，曹操在帳中睡覺，故意把被子踢到地上，一個近侍連忙拾起被子上前蓋好。曹操立刻跳起來拔劍把他殺了，然後若無其事般繼續上床睡覺。

等他睡了半天起來的時候，裝模作樣地驚問：「何人殺我近侍？」眾人告以實情。曹操頓時痛哭，命令厚葬近侍。人們都以為曹操果真是夢

中殺人，唯獨楊修又猜中了他的意圖，臨葬時指著近侍的屍體嘆息說：「丞相非在夢中，是你在夢中啊！」

曹操知道這件事之後，在心中暗自下了除去楊修的決心。

後來曹操親自領兵攻打蜀漢的領地漢中，曹劉兩軍在漢水一帶對峙數月。曹操屯兵日久，屢次進攻卻始終難以取勝，想要退兵但又沒有合適的理由，一時之間進退兩難十分躑躅。

這時適逢廚師端來雞湯，曹操見到碗中的雞肋，不覺有感於懷，正沉吟間，夏侯惇入帳稟請夜間號令。曹操隨口說：「雞肋！雞肋！」

夏侯惇便把「雞肋」當作號令傳了出去。

楊修得知這個號令後，便叫隨行的軍士收拾行裝準備歸程。巡夜的夏侯惇見了，十分吃驚，便請楊修至帳中細問。楊修解釋說：「雞肋者，食之無味，棄之可惜。今進不能勝，退恐人笑，在此無益，來日魏王必定班師。不如早些收拾行裝，以避免倉促間慌亂。」

夏侯惇相信楊修的判斷，也命自己營中諸將紛紛打點行李。曹操知道後，藉口楊修「造謠惑眾，擾亂軍心」，便下令將楊修斬了。

楊修的聰明才智，可說是出類拔萃、鶴立雞群的，可惜鋒芒畢露，失之於含蓄內斂。曹操原本不是個嫉賢妒能的人，這從他身邊聚集了一大批能臣武將可以看出。如果楊修能少一些小聰明，多一些大智慧，那麼想必他也可以成爲曹操手下的一名得力助手。

在處理上下級關係的時候，眞正聰明的人要學會「三乘五等於十四」的智慧，即使知道了上司的心思也不要說破，不要讓自己顯得處處高人一等。曹操對楊修的態度從「忌憚」到「厭惡」，再到「懷恨在心」，正是楊修不懂「糊塗」或者說不肯「糊塗」所導致的結果。

糊塗一時，才是真的聰明一世

在待人處事的時候，少些聰明、多點糊塗，會使自己多一些朋友少一些敵人，營造融洽的人際關係。

許多情況下，在他人面前表現得「糊塗」要比「聰明」更加對自己有利。清朝的第九個皇帝咸豐之所以獲得皇位，和他「裝糊塗」的本事是分不開的。

他的父親道光皇帝總共有九個兒子，其中最有希望繼承皇位的是排行第四的咸豐和排行第六的奕訢（即後來的恭親王奕訢）。咸豐才智平庸，個性懦弱，他的弟弟奕訢則文武兼備，頗有雄才。可是，最後道光皇帝卻選擇將皇位傳給咸豐，這到底是什麼緣故呢？

據《清史稿．杜受田傳》記載，有一次道光皇帝帶領著諸位皇子到南苑打獵，藉以驗收他們的騎射功夫，皇六子奕訢箭無虛發，射下的獵物最多，反觀當時的咸豐卻一箭未發。

道光皇帝感到十分不解，問他為何如此，咸豐回答說：「現在正是春季，是各種鳥獸繁殖的季節，我不忍心殺傷生命，破壞大自然的調和。」道光皇帝聽了，十分高興，認為咸豐有為人君應該具備的仁慈之心。

後來道光皇帝病情加重，傳令叫咸豐和奕訢同時入宮，準備進行最後一次試驗，決定皇位繼承人。

兩位皇子都向自己的老師請教該如何應對，奕訢的老師卓秉恬告訴他應該「知無不言，言無不盡」，在氣勢上要壓倒對方。咸豐的老師杜受田則對他說：「阿哥，你如果條陳時政，一定比不過六爺。唯有一策可行，皇上如果自言老病，將不久於人世，你一定要伏地痛哭，以表孺慕之誠！」

結果兩人在入對時一個侃侃而談，另一個卻說不了幾句就流涕嗚咽，藉以

掩蓋自己的不足。事後道光皇帝對咸豐的表現十分感動，認為這樣才是「仁孝」，於是便決定立咸豐為儲君。

咸豐明知道自己的本事比不過弟弟奕訢，索性就糊塗到底，對自己的才能不加以表現，而是爭取在感情上打動父親，最後他果然如願登上了帝位。

我們常常說「大智若愚」，真正有智慧的人看起來總是糊裡糊塗的，似乎像個傻子，但實際上他是將自己的聰明機智蘊含在心裡，而不是直接表露出來。

聰明本身並不是缺點，表現聰明的方式才是關鍵。

直接、無所顧忌、氣勢凌人地將自己的聰明暴露出來，不僅會無意間表現出自己的淺薄，也容易招致嫉妒、詆毀和排擠。

一拿起來搖晃就嘩啦作響的瓶子，一定是沒有裝滿水的「半調子」，裝滿了水的瓶子是不會響的。真正的聰明人往往利用「糊塗」作爲自己的防護衣，將自己的心智掩蓋起來，用間接的、含蓄的、和風細雨的方式表露自己的聰明。這樣不僅不會招來嫉妒，反而會獲得讚譽。

在待人處事的時候，少些聰明、多點糊塗，會使自己多一些朋友少一些敵人，營造融洽的人際關係；在修身養性的時候，少些聰明、多點糊塗，會讓自己時時處於輕鬆、平和的心態當中，不至於因心力交瘁而損害健康。

糊塗處世並非冥頑不靈的眞糊塗，而是返璞歸眞、絕聖棄智的裝糊塗，是蒙著糊塗紗布的大聰明大智慧。

正如鄭板橋那句著名的話所說：「聰明難，糊塗亦難，由聰明而轉入糊塗更難。放一著，退一步，當下心安，非圖後來福報也。」

有時不清不楚，人生會更富足

「糊塗」就是每個人的高度近視，它令我們覺得世界上的許多東西都是美的。從享受生活的角度想，糊塗實在比聰明更加有益。

英國作家斯蒂文生曾經這麼寫道：「當別人都認為你聰明的時候，其實正是你最為危險的時機。」

正因爲如此，一個眞正聰明的人，非但不會在衆人面前顯現自己的聰明，反而會故意做出糊塗的行爲。

人類被稱作「萬物之靈」，成爲主宰地球的主人，這是爲什麼呢？

有人說是因爲人類懂得使用工具，可是海豚、黑猩猩等動物也會使用簡單的工具；有人說是因爲人類有感情，但動物不也有「舐犢情深」、「狐死首丘」的深沉情感嗎？

其實，最主要的原因還是在於人類擁有超出地球上任何其他生物的智力。海豚、黑猩猩等智力較高的動物只具有簡單聯想的思維，而人類卻擁有歸納、演繹、乃至創造性的思維。

伴隨著從猿到人腦容量的不斷擴大，人類的智力也飛速發展，到了現今的資訊時代，人們用自己的智力開拓了前所未有的嶄新領域。

然而，用人有限的生命來追尋世界上無窮的智慧，是一件十分糟糕的事情。

現實的情況是，越是聰明的人越喜歡賣弄自己的智力。就如同手裡拿著一把斧頭的人總想劈砍什麼一樣，聰明的人也想透過解決一些常人很少思考並難以解決的問題，以顯示他們的聰明。

哲學家和科學家就是這類聰明人的傑出代表，他們代表著人類以最卓越的智慧向這無限的世界挑戰。

從黑暗的中世紀到今日，人類社會發生的劇烈變化的確要歸功於哲學家和科學家造成的巨大作用，但是哲學家和科學家本身則往往由於過分聰明，而讓自己處於十分困窘的境地之中。

就拿著名的科學家牛頓來說吧，他開創的經典力學理論促使工業革命到來，成爲近代以來最偉大的科學巨人之一。

可是，縱使牛頓的智慧已經凌駕於一般人之上，但仍是不足以讓他解決一些科學領域的關鍵問題。

比如「地球最初是如何轉動起來的」，牛頓就算耗盡了後半生的全部精力也無法解答，最後無可奈何的牛頓只好裝起了糊塗。「是上帝踢了它一腳，它就轉起來了！」他是這樣回答的。

當人類的腦袋無法將問題解決的時候，就不應該再鑽牛角尖，這是科學家牛頓的解決之道。可是，一些哲學家並不願意透過「裝糊塗」來掩飾自己的聰明，他們總是希望追根究底。

只不過，有些問題是不能夠窮追到底的，就拿哲學界的根本問題——世界的本源問題來說吧，所有的哲學家都試圖解答，渴望找出答案，但所有的哲學家也都無法提出明確的解釋。

老子說：「道生一，一生二，二生三，三生萬物。」

那麼，如果你問他「道」是怎麼產生的？他的解答是「道法自然」，是本來就存在那裡的。你要是繼續追問他，道的自然是怎麼回事，他就只好用「道可道，非常道」來堵你的嘴了。

戰國時期，道家的接班人想出了新的解釋：「太極生兩儀，兩儀生四象，四象生八卦，八卦而演萬物。」

那麼你問他太極之前是什麼，他只好說是「無極」，那無極之前又是什麼呢？他也只好不回答，因爲說了還是等於沒說。

西方人也是一樣，神學家們說世界是上帝創造的，亞當和夏娃是人類的始祖。那麼，上帝的母親是誰呢？上帝的外婆又是誰呢？《聖經》裡沒有說明。黑格爾說世界的來源是「絕對理性」，那麼「絕對理性」是怎麼來的呢？

這種類型的問題足以讓世界上所有的哲學家陷入瘋狂與迷思之中。我們可以放棄追問，但某些哲學家則不能不常常拷問自己，無奈的是以他們的智力實在不可能得到答案，所以哲學家們發瘋的多，自殺的也多。

所以，就一些問題來看，比如「我從哪裡來」、「該向何處去」……等等，所有的人都是糊裡糊塗的。既然我們本來就是「糊塗」的，那又何妨再「糊塗」一點呢？

記得以前讀過的一則外國幽默故事：一個高度近視的男人愛上了一個女人，在他的心目中，這個女人就像是自己的女神。可是由於他高度近視，無法看清心上人的面貌，這令他十分苦惱。

當時近視眼鏡尚未普及，價格依然十分昂貴，當這個男人終於配了眼鏡之後，他迫不及待地戴上，卻看到了一張醜陋無比的面孔。男人立刻將自己的眼鏡砸了個粉碎，說道：「沒有它，妳才是最美的！」

有的時候，「糊塗」就是每個人的高度近視，它令我們覺得世界上的許多東西都是美的。可是，如果我們希望自己能夠看清楚一些而配一副眼鏡的話，我們卻發現那些曾經美好的東西都變得陌生而醜陋。所以，從享受生活的角度想，糊塗實在比聰明更加有益。

事先知道，不見得比較好

事先預知了一切，所以人生過得索然無味，失去了對未來的期待與憧憬。如果真要到這種地步，那還不如什麼都不知道的好啊！

中國有句老話「察見淵魚者不祥」。意思是說，一個人足夠聰明，能夠看清楚深淵裡的每一條魚兒，那麼這對他來說是不祥的，將會爲他帶來災禍。

歷史上有許多人就是這樣，楊修是一個能夠「察見淵魚」的人，所以他被殺了頭。而最能「察見淵魚」的人莫過於那些掐指觀命、知往推來的預言家、占卜士了。晉朝的郭璞就是這樣一個人。

郭璞博學多才，喜好古文奇字，但卻拙於言辭，不善交際。

有一天，一個精於卜筮的郭姓老頭到郭璞的家鄉做客，郭璞就追隨他學習卜筮之術。老頭傳授了九卷《青囊中書》給郭璞，自此郭璞「遂洞五行、天文、卜筮之術，攘災轉禍，通致無方」。

據說，郭璞有一個名為趙載的門人，將《青囊中書》偷了出來，但還沒來得及翻看，就被火燒毀了。

晉朝的「八王之亂」剛剛爆發的時候，郭璞就卜算了一卦，然後扔掉算卦用的竹籌長嘆道：「唉！黎民百姓將要淪為異族所統治了啊！萬畝良田將要變為荒丘土崗了啊！」然後就帶著他的親戚好友從河北開始向長江以南遷徙。

此後數年，北方的少數民族匈奴、鮮卑等大舉南下，史稱「五胡亂華」，黃河流域完全被他們佔據。

郭璞來到江東以後，為當時的高官王導看重。有一次，王導請郭璞為自己算卦，郭璞說：「大人您將有雷霆之災。不過，您可以駕著馬車向西走數十里，將可以找到一棵大柏樹。您把它砍斷，截成和您身體一樣的長度，把它放在你睡覺的地方，如此一來就可以消災解厄。」

王導聽從了郭璞的勸告並依他的指示做好準備。經過幾天之後，突然雷霆大作，那柏樹被雷擊得粉碎，而王導卻安然無恙。

後來，晉元帝司馬睿在王導輔佐下在長江以南建立了東晉政權，也多次請郭璞卜筮，結果言無不中。晉元帝讓郭璞任尚書郎，但由於高官士族都把卜筮之術看成是「奇技淫巧」，所以都不大瞧得起郭璞。

郭璞雖然具備能令皇帝賞識的真才實學，但他的性格輕浮放蕩，據《晉書》記載，形容他是「不修威儀，嗜酒好色，時或過度」。他的同僚干寶就勸他：「你這樣子的生活方式可不是養生之道吧！」

郭璞卻說：「上天給我的性命本就有限，我常常怕在大限到來之前不能耗盡，你怎麼還替我擔心酒色為患呢？」

郭璞與桓彝是好朋友，桓彝每次到郭璞的家裡拜訪，就算有時郭璞在婦人的房間裡，桓彝也逕自推門進去，郭璞對此完全不以為意。但郭璞總是對桓彝說：「你來拜訪我的時候，家裡什麼地方你都可以去，但千萬不能到廁所裡去找我，切記切記，否則咱們兩個都會有禍殃。」

有一次，桓彝喝醉了酒，迷迷糊糊地去找郭璞，正好郭璞在廁所裡。桓彝早已神智不清，忘記郭璞先前的交代，於是他推門進去，只見郭璞光著身子、披頭散髮，嘴裡銜著一把刀，正在進行祭祀祈禱的儀式。

郭璞一見桓彝，大吃一驚，說道：「我每次告誡你千萬別來這裡，結果你偏偏還是闖進來了！現在不僅我不能免禍，連你也將遭殃！這是天意吧，我又能怪誰呢？」後來郭璞和桓彝果然都死於非命。

郭璞是怎麼死的呢？正是因為他「察見淵魚」的緣故。

郭璞曾經對人說：「殺我者山宗也。」別人都不明白這是什麼意思。

當時的大將軍、荊州刺史王敦準備發動叛亂，一個姓崇（上山下宗）的人

到王敦面前誣陷郭璞，王敦就把郭璞抓了來。王敦準備起兵的時候，希望能知道自己此番出兵的吉凶，於是他就命郭璞為自己算一卦。

郭璞說：「你不會成功。」

王敦聽了十分不高興，又問郭璞道：「你再算算我的壽命有多長？」

郭璞答道：「剛才這個卦顯示，你要是現在起事，必活不久。你如果待在武昌這裡不動，則壽不可測。」

王敦大怒道：「你算算你自己還能活多長？」

郭璞說：「我命盡今日日中。」

王敦怒氣沖沖，命令將郭璞帶到南岡斬首。郭璞臨出門，問行刑者要把他帶往何處。行刑者說：「南岡頭。」

郭璞就說：「那一定是在雙柏樹下。」

等到了那裡，果然是在雙柏樹下。

郭璞又說：「此樹應有大鵲巢。」

眾人找了半天，果然在樹枝間找到一個大鵲巢，被濃密的樹葉遮蓋。

當初有一次，郭璞趕路途中經過越城，在半路上遇到一個人，郭璞就把一套刀斧手穿的褲褶送給那個人。那個人堅決不受，郭璞就說：「你只管拿去，日後就知道用處了。」

那人才接受了褲褶而去。那個當初接受郭璞餽贈的人正是即將為他執行死刑的人。郭璞被殺時不過四十九歲。

郭璞的確是一個聰明人，聰明到可以預言吉凶、卜算天機。可是正因爲他事先預知了一切，人生過得索然無味，失去了對未來的期待與憧憬。因此，他才會縱情酒色，放蕩度日。

如果眞要到這種地步，那還不如什麼都不知道的好啊！

不掩飾鋒芒，小心自取滅亡

聰明、有才華的人必須時時注意謹慎發揮自己的聰明才智，不懂得自我保護的人往往過早隕滅，即使有天大的才華也無法發揮出來。

尼采曾說：「在和工於心計的人交往，必須要會掩飾和裝糊塗。」

因爲，一個懂得掩飾和裝糊塗的人，不僅能讓搞權謀、耍心機的人，卸掉他的武裝和心防，更能讓自己避免成爲對方算計和攻擊的箭靶。

聰明本身不是禍，不明智地顯露聰明才會給自己惹來麻煩。

莊子說：「直木先伐，甘井先竭。」

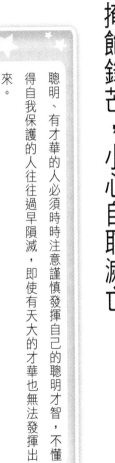

意思是說，人們一般所用的木材，多半選擇挺直的樹木砍伐；人們也是會優先挖掘能湧出甘甜泉水的水井，這使得它提早枯竭。由此觀之，人才的選用也是如此。

有一些才華橫溢、鋒芒畢露的人，雖然容易受到重用提拔，可是也容易因此受到嫉妒而遭人暗算。

隋朝的薛道衡十三歲的時候，就能夠講述《春秋左氏傳》，不可謂不聰明。他後來的才學更加卓著，受到了當時許多名士的讚頌。

河東裴讞見過他之後說：「自鼎遷河朔以來，我認為函谷關以西沒有能和孔子相媲美的人物了，誰知今天又遇到薛君！」足見當時人們對他的評價之高。

隋文帝楊堅稱帝的時候，任命薛道衡任內史侍郎。薛道衡在樞要部門任職多年，直到文帝末年才出任襄州總管。後來，隋煬帝即位，將他從番州刺史的任上召回，打算讓他在秘書監任職。薛道衡回來後，就向煬帝奉上《高祖文皇帝頌》，歌頌他的父親文帝。他對於隋煬帝楊廣正是因為殺了自己的父親，才

順利當上皇帝這件事並不知情。

隋煬帝看了當然不高興，就說：「薛道衡極力讚美前朝，難道是對我諷刺嗎？」就準備給他定個罪名。

薛道衡的同僚房彥謙察覺到了隋煬帝對他的殺意，就勸薛道衡杜絕賓客，卑辭下氣，以避免招來禍患。

可是，薛道衡卻沒能聽從房彥謙的勸告。這時朝廷正在議定新的律令，議論許久卻一直未能做下定論。

薛道衡就對朝臣們說：「假使當初高熲（前朝舊臣）不死，新律令早已經頒佈實行了。」

有人把他的話上報隋煬帝，煬帝發怒說：「原來你還一心惦念著前朝啊！」於是就將薛道衡交付司法部門審判治罪。

此時一向嫉妒薛道衡的裴蘊奏報說：「薛道衡自負自己的才能，又倚恃著過去先帝對他的信任，對陛下毫無尊敬忠誠之心。他的罪名雖然似乎含糊不明朗，但若是追究他叵測的內心，確實是重大的悖逆之罪。」

薛道衡自以為犯的不是大錯，就催促司法部門早些判決，並預料煬帝一定會赦免他，還讓家裡人備好飯菜，準備招待前來問候的賓客。

哪知聖旨一到，竟是命令薛道衡自盡。薛道衡完全沒有料到會是這樣的結果，一時無法接受而未能領旨自盡，於是隋煬帝又命人將薛道衡勒死。一時之間，天下人都為薛道衡感到無比冤枉。

薛道衡是否僅僅是因爲懷念前朝而被隋煬帝殺害呢？並不是這樣。就在薛道衡死後，隋煬帝一邊吟誦他的詩句「暗牖懸蛛網，空梁落燕泥」，一邊說：「現在你還能作這樣的詩嗎？」

隋煬帝對自己的才學非常自負，曾經對侍臣說：「天下人都認爲我是因爲繼承先帝的遺業才君臨天下，事實上，就是讓我和士大夫們比才學，我也該作天子。」

由此可見，隋煬帝對薛道衡才華的嫉妒，也是促使他殺掉薛道衡的一個重要原因。

也許你會問：「如果我天生聰明，那該怎麼辦呢？」

《莊子．山木》一篇之中提出了一種「意怠」哲學。「意怠」是居住於東海的一種鳥，別的鳥飛，牠就跟著飛；傍晚歸巢，牠也跟著歸巢。意怠的生活方式是「進不敢爲前，退不敢爲後，食不敢先嚐」。

表面看來，這種生存方式顯得有些保守，甚至懦弱。但從現實狀況來看，並沒有其他人能夠任意加害牠，所以「意怠」這種鳥活的時間最長。

在現代社會裡，人們應該學會像「意怠」一樣，凡事要預先爲自己留條退路，不過分炫耀自己的才能，不使自己鋒芒畢露，這種人才不會犯下大錯，也不會被人用陰險的手法陷害。

南朝時的王僧虔就是一個善於韜光養晦、保護自己的人。王僧虔是王導的孫子，他在宋文帝時任太子中庶子（**相當於太子的特別助理**）。當王僧虔年紀很輕的時候，就以善寫隸書聞名。

宋文帝曾經看到他寫在白扇子上面的字，讚歎道：「不僅是書法超過了王獻之，連風度氣質也超過了他啊。」

後來宋孝武帝當了皇帝，這位皇帝是一個想在書法上稱孤道寡的人。王僧虔深知皇帝的想法，因此收斂鋒芒，在孝武帝統治期間字寫得越來越差，因而能夠平安無事地生活著。

一直到了十幾年以後，金鑾殿又換了新的主人，王僧虔的書法才又重新煥發了光芒。他的官宦生涯一路平步青雲，在劉宋一朝最高曾任相當於宰相的中書令位置。

後來改朝換代，齊朝頂替了劉宋，齊太祖蕭道成也是一個酷愛書法的人。有一次，蕭道成和王僧虔切磋書法，兩人揮毫潑墨一番以後，蕭道成對王僧虔說：「誰為第一？」

王僧虔回答道：「臣書第一，陛下亦第一。」

於是，蕭道成笑著說：「卿可謂善自為謀矣。」

終王僧虔一生，共經歷了兩個朝代八位皇帝，竟然始終高官得坐、駿馬得騎，不能不說是一個「善自爲謀」的人。

反觀薛道衡，由於不知道審時度勢，結果將自己捲入權力和妒忌的漩渦中，成了政爭的犧牲品。

所以說，聰明、有才華的人必須時時注意謹慎發揮自己的聰明才智，小心不讓自己的光芒毫無保留地散發出來。不懂得自我保護的人往往過早隕滅，即使有天大的才華也無法發揮出來。

鋒芒畢露，人生很快就會落幕

有了聰明的頭腦固然很好，但在合適的時機運用聰明才智，減少遭人嫉妒的機會，才能夠長久、穩定地發揮你的聰明才智。

人生戰場到處充滿著虛假與欺詐，小人爲了達到自己所追求的目的，總是裝出慈悲和善的臉孔，因此，眞正聰明的人不會鋒芒畢露，他們都深知，只有「糊塗」才能讓自己在這個爾虞我詐的亂世之中全身而退。

西漢的京房是一個精通《易經》、能掐會算的人。他的遭遇也和郭璞類似，當皇帝是非不分的時候，小人的忌妒便成了射向他的暗箭。

京房是西漢東郡（今河南濮陽）人，漢元帝的時候在朝為官。由於他卜算預言屢中，得到了皇帝的重視。但此時的大漢帝國已是江河日下、日薄西山了。

當時朝廷中佞臣石顯得勢，郡縣裡官吏腐敗，民間又是天災頻繁。京房希望經由自己的《易經》災異學說，警醒皇帝進行改革，以挽回這種國勢頹唐的局面，於是提出一套對官吏進行考核的制度，希望皇帝採納，並且對皇帝說：「《春秋》上記載了二百四十二年的災異，用來警示萬世之君。自陛下即位已來，日月失明、星辰逆行、山崩泉湧、地震石隕、夏霜冬雷、春凋秋榮、水旱螟蟲、民人飢疫、盜賊不禁、刑人滿市，《春秋》所記載的災難異象全都出現了。那麼陛下您看今日是治世呢，還是亂世呢？」

皇帝只好說：「是極亂罷了，還有什麼好說的呢？」

京房又問：「現在陛下您重用的人與豎刁（齊桓公晚年佞臣）、趙高相比，是怎麼樣的人呢？」

皇帝說：「我寵幸他們比當年齊桓公寵幸豎刁、秦二世寵幸趙高還要強烈呢！但是我覺得他們不是豎刁、趙高那樣的小人。」

京房說道：「前世之君也是這樣想啊！微臣恐怕後人看待今日，和今天我們看待前人一樣啊！」

皇帝沉吟許久，然後才問：「今日想為亂的小人又是誰呢？」

京房回答：「明主應該了然於胸。」

皇帝說：「我不知道，我若是知道了為什麼還問你？」

京房不得已說道：「陛下您最信任的，總跟他在帷幄之中一起決定官吏升降的，就是那個人啊。」

京房指的是石顯，皇帝也瞭解了，對京房說：「我明白了，你告退吧。」

可是，後來漢元帝並沒有採納京房對官吏進行考核的建議，反而在石顯的鼓動下，將京房下放到河北當太守。

京房是一個聰明人，他通曉《易經》象數，對於大漢王朝的前途看得是清清楚楚，也知道這問題的關鍵所在。

他不願意裝糊塗的原因是認為「人可欺，天不可欺」，但他的這種聰明顯然招致了其他人的忌恨。

就在他出京赴外地作太守的幾個月後，石顯就控告京房「誹謗政治、歸惡天子」將其下獄，不久即被殺頭棄市。

道家的始祖老子告訴我們：「**大巧若拙，大辯若訥。**」意思是最聰明的人、眞正有本事的人，雖然有才華學識，但看上去卻像個呆子，並不自作聰明；眞正會辯論的人，卻木訥得好像不會講話一樣。因此，無論是初涉世事，還是位居高官，無論是做大事，還是一般的人際交往，都不應該鋒芒畢露。

有了聰明的頭腦固然很好，但在合適的時機運用聰明才智，減少遭人嫉妒的機會，才能夠長久、穩定地發揮你的聰明才智。

懂得謙虛待人，才是真正聰明人

越是聰明的人越自以為比他人強，所以不僅別人的建言他聽不進去，甚至一有機會，就免不了對他人的工作、成績評判指責一番。

聰明本來是人的一種長處，但聰明在賦予人敏捷的反應、出色的記憶力和理解力時，也會產生幾種流弊。

聰明的人招致他人的忌妒，是來自於外部的攻擊，而聰明也會從內部讓人迷失了心性，這就是所謂「聰明反被聰明誤」的主要原因。

剛愎自用、自以爲是的人往往都是十分聰明的人。自覺才智不足的人通常都不會堅持己見，願意附和那些所謂的聰明人。

聰明人正是因爲大家都認爲他聰明，也就對自己的才智深信不疑，所以經常固執己見，聽不進他人的建議。王敦、袁紹、唐代的朔方節度使李懷光、明末鎮守遼東的大將熊廷弼都是這樣的人，他們都因自己的剛愎自用，招致不好的下場。

《三國演義》之中，曹操在定軍山一戰折損了大將夏侯淵，又派徐晃、王平進軍漢水，希望挽回敗局。

當徐晃率領著軍隊渡過漢水時，便命令士兵們背水列陣。他的助手王平問道：「軍隊背水列陣，如果及時想要急退，那該怎麼辦呢？」

徐晃說：「你難道沒聽過『置之死地而後生』嗎？當年，韓信就是用了此計，才以少勝多，戰勝了對手。」

王平說：「不對。當年韓信是料定敵人無謀而用此計，現今將軍你能預測趙雲、黃忠的意圖嗎？況且背水一戰乃是一步險棋，豈能輕易用之？」

徐晃卻說：「你可以引步軍押陣，看我帶領著騎兵破敵。」然後命令搭起浮橋，渡過漢水對戰蜀兵。

王平苦諫，徐晃仍是不聽。他背水紮營以後，命令士兵上前挑戰。可是趙雲、黃忠堅守不出、不予理會。徐晃領著軍隊從早上罵到黃昏，蜀兵就是不出來迎戰。於是，徐晃教弓弩手向前不斷射箭，準備回營休息。

另一邊，黃忠對趙雲說：「徐晃令弓弩向前射擊，必定是要退兵了。咱們分兵兩路，乘他們退兵的時機攻擊。」

不一會兒，曹兵隊伍果然撤退。蜀營裡鼓聲大震，黃忠領兵左出，趙雲領兵右出，兩邊同時對曹兵進行夾攻。徐晃的軍隊餓了一天，人困馬乏之際，又正在退兵，哪裡禁得住蜀兵精銳的攻擊？曹軍被殺得大敗，逃跑的士兵被逼入漢水，一時死傷無數。

徐晃死戰得以脫逃，回營就質問王平道：「你看見我的軍隊身陷危機之中，為什麼不前來救援？」

王平說：「我若來救，本營也不能保了。我早就勸你不要背水列陣，你就是不聽，以致打了敗仗。」

徐晃大怒，要殺王平。結果，王平半夜在軍營中放火，趁亂投奔了蜀軍。最後，徐晃只好棄營而走。

很顯然，徐晃自作聰明，以爲「背水一戰」的模式可以套用，當王平提出合理的建議時，又剛愎自用不予考慮，結果終於打了敗仗。

越是聰明的人越自以爲比他人強，所以不僅別人的建言聽不進去，甚至一有機會，就免不了站在「老師」的立場，對他人的工作、成績評判指責一番。這種「好爲人師」的心性往往令他人深惡痛絕。

唐朝中期的詩人劉禹錫，學富五車，在當時聲名很大。他為人爽直，但有時做人卻不夠圓融，常常給自己帶來麻煩。

那時的社會上有個風俗，每到科舉考試前，參加考試的舉子們都要將自己的一兩篇得意之作送給朝廷上有名望的官員，請他們加以評判，並為自己說幾句好話，以提高自己的聲譽。

這種風俗，時人稱之為「行卷」。

當時，初出茅廬的襄陽才子牛僧孺到京城赴試，帶著自己的得意之作，登門拜訪劉禹錫。劉禹錫很客氣地招待了他，聽說他來行卷，便打開他的作品，毫不客氣地「飛筆塗竄其文」。

劉禹錫是牛僧孺的前輩，又是當時的文壇大家，親自修改後輩的文章，本來是一件風雅之事。可是劉禹錫實在是改得太多，彷彿牛僧孺的文章很糟糕一樣，牛僧孺又是個非常自負的人，從此便將此事記恨於心。後來，由於政治上的因素影響，使得劉禹錫的仕途一直不很得意，牛僧孺則是一帆風順、步步高升。當牛僧孺成為大唐的宰相時，劉禹錫卻還只是一個地方官。

多年後一次偶然的機會，劉禹錫與牛僧孺相遇在官道上，兩個人便一起投宿，喝酒暢談。

酒酣之際，牛僧孺寫下一首詩：「粉署為郎四十春，今來名輩更無人。莫嫌恃酒輕言語，曾把文章謁後塵。」

意思是說，現在沒有什麼了不起的名人啦，不要嫌棄我借著酒勁胡說八道，

我當年可是捧著文章在你後面吃灰塵的啊！

此情此景此詩，對劉禹錫是個莫大的諷刺，顯然牛僧孺對當年劉禹錫當面改其大作一事耿耿於懷。劉禹錫見詩大驚，想起當年的往事，趕緊和詩一首，以示悔意，兩人才解前怨。

事後，劉禹錫對他的弟子說：「我當年一心一意想扶植後人，誰料卻適得其反，差點惹來大禍，你們要以此爲戒，千萬不要好爲人師。」

做人靠智慧，做事靠謀略，從徐晃、劉禹錫的故事可以知道，自以爲聰明，不知謙虛處世的人，往往會招來他人忌恨，結果害了自己。

02

做人靠智慧，做事靠謀略

在局勢不利的時候潛伏不動以待將來，

如果機遇來臨，身邊的環境都處於十分良好的情況，

就可以「飛龍在天」，大展宏圖了。

冷靜面對，才能解決問題

能夠成功化危機為助力的關鍵，在於沒有讓當下的負面局勢影響了自己的判斷與處理能力，達成的先決條件，就是「冷靜」。

英國文人博克有句名言：「快樂時，思想容易疏略，心不可不慎；憤怒時，思想容易武斷，心不可不緩。」

人在興奮、緊張、恐懼、憤怒等等的情緒作用下，心情容易產生激烈波動，進而失去理智與判斷力，許多錯誤正是在這樣的情況下造成的。因此，不論面對什麼樣的情況，我們都要謹記，心不可不慎、不可不緩。

張遼，字文遠，是三國時期曹操的心腹愛將。在曹操挾天子以令諸侯時，張遼一直為曹操鎮守東南方，引兵抗拒東吳的進犯，寫下以「八百破十萬」名留史冊的傳奇戰役。

一日，曹操令張遼屯兵長社，張遼準備率領部下前往駐紮，正在這時，軍隊裡有人謀反，趁半夜四處放火作亂，導致軍心大亂，上下無不惶恐不安，眼看就要分崩離析。

身為主帥的張遼此刻並沒有絲毫慌亂，細心聽取了軍士的匯報後，對左右的文臣武將仔細分析道：「大家不要輕舉妄動，以免中了敵人的詭計。從目前的情況來看，這不是全軍叛亂，而是某些人肆意製造混亂，趁機擾亂軍心。假如為首的我們一慌亂，兵士們肯定跟著慌，整個軍營就會立刻亂成一團，讓敵人趁虛而入，屆時，我軍將死無葬身之地。現在應該冷靜地觀察，是哪個軍營的哪個將領在故意散播謠言或指揮作亂，一舉揪出幕後的真正主謀。」

大家紛紛點頭稱是，並將自己手下的士兵召集到中軍帳前。

等全體成員都到齊之後，張遼才出現在大夥面前，十分鎮定而嚴厲地命令軍中士卒說：「我知道大家是受到了蒙蔽，並非刻意造反叛亂。我軍的糧草充足，兵器也十分完好，一定能夠完成丞相的命令，不負丞相的重託。現在有人想趁機製造混亂，這種小伎倆是不會得逞的！效忠國家的人就安靜地坐在軍營中別動，否則以叛亂罪論處！誰要是敢違抗命令輕舉妄動，就視同叛亂者或其同黨，格殺勿論！」

就這樣，張遼率領手下的心腹將領和幾十名親兵衛士站在軍陣中。士兵們見騷動停止了，就安心地回到自己的營帳中坐下來待命，反倒是亂黨成員個個心慌意亂，甚至嚇得主動走出來認罪，揭發了策動叛亂的主事者。

張遼命令士兵將主謀者帶上來，然後重新召集全體士兵，當著大夥的面將其就地正法，這樣一來，再也沒有人敢煽動叛亂了。一場騷動的結果，不但沒有造成嚴重損傷，反而讓冷靜多謀的張遼將計就計，進一步穩定了軍心，將軍隊的戰鬥力與向心力向上提升。

張遼能夠成功化危機爲助力的關鍵，在於懂得用腦力，沒有讓當下的負面

局勢影響了自己的判斷與處理能力，達成的先決條件，就是「冷靜」。

先冷靜，才能理清頭緒，思考出解決問題的方法。不論是面對巨大的悲傷、憤怒、哀痛或欣喜，都不要讓自己輕易地被情緒牽動。心若不靜，所思所想，只不過是一時衝動、一時意氣，萬一真的依情緒衝動行事，到頭來必定後悔。

突然遭逢大難時，我們總是很難將自己從當下的情境中抽離，這本是人之常情，但是，若真要突破現況、扭轉乾坤，進一步得到寶貴的經驗與成果，就非得要克服這阻礙不可。

唯有戰勝它，才能再次掌握理智的鑰匙，開啟成功的大門。

心機用盡，小心沒命

為了滿足不斷擴大的慾望而機關算盡，為了追求本不屬於自己的東西而勞心費神，結果卻常常是「反誤了卿卿性命」。

聰明人的記憶力、思考能力都十分出色，所以也總是不願意讓自己的腦細胞休息，往往想的事情比別人多，思考的層面比別人廣，計劃得比別人周密。這對個人的健康來說，反而是有害的。

從現實情況來看，聰明的人往往由於腦力消耗過大，操勞的事情太多，使得自己心力交瘁，甚至折損壽命。這一點，從近年來高級知識分子往往英年早逝這個狀況可以看出來。

在金庸的經典小說《射雕英雄傳》之中，黃藥師的妻子爲了默寫出半部《九陰眞經》耗盡心力而亡，也是腦力消耗過大的極端反映。

在文學作品中機關算盡，到頭來卻枉費心機的最經典例子是《紅樓夢》中的王熙鳳。在金陵十二釵的判詞曲子之中，王熙鳳的曲子就叫〈聰明累〉，曹雪芹寫道：

「機關算盡太聰明，反算了卿卿性命。生前心已碎，死後性空靈。家富人寧，終有個，亡人散各奔騰。枉費了意懸懸半世心，好一似，蕩悠悠三更夢。忽喇喇似大廈傾，昏慘慘似燈將盡。呀！一場歡喜忽悲辛。嘆人世，終難定。」

這首〈聰明累〉可以作爲所有喜歡玩弄心機權術的人的警誡之辭。在歷史上，和王熙鳳同樣類型的人也是大有人在。

西漢末年的王莽為了謀朝篡位，可謂費盡心思擺弄了所有的政治權謀。由於王莽自小喪父，仕途上沒有依靠，便一方面盡心盡力地侍奉母親及寡嫂，撫養哥哥的孤子，以博取名譽；一方面又結交俊傑，無微不至地侍奉幾個掌權的叔叔伯伯，以營造人際網路。

後來他的叔叔王鳳患病，王莽常常幾天不離病榻，侍候得比王鳳自己的兒子還周到。

王鳳臨終時，就推薦王莽擔任黃門郎，王莽終於走上了仕途。

此後，他為了贏得「大賢」的名譽，不斷地廣結賓客朋友，從儒生術士到王公巨卿，都竭力拉攏。

為了表示自己的「高尚情操」，他多次把自己的衣物分給賓客享用，把自己家裡的土地分給受災的流民，和自己的妻子則過著非常儉樸的生活，妻子甚至「衣不曳地，布不蔽膝」，穿得如同僮僕一般。

就這樣，在贏得了廣泛的讚譽之後，王莽的地位一步一步上升，最後做到一人之下萬人之上的大司馬職位。掌權後，王莽繼續籠絡親黨的同時，也開始翦除異己，為自己的圖謀篡位預先清除障礙。

王莽掌政初始，立即翦除了另外兩家外戚丁氏、傅氏的勢力，同時拉攏名儒孔光及其女婿甄邯為己所用。又唯恐叔叔紅陽侯王立在皇太后面前搬弄是非，就讓孔光上奏王立「舊惡」，從而把王立遣放出京城。

由於王莽政治手腕高明，一時之間「阿順者拔擢，忤恨者誅滅」。只要王莽對手下的黨羽有所暗示，黨羽便承其旨意而順風行動。王莽又讓全國各地上報「祥瑞」，為自己篡權烘托氣氛。

王莽想透過把自己的女兒立為皇后的方式來鞏固權力，他的黨羽們領會其意，紛紛對皇太后建議說：「願得公（**指王莽**）女為天下母。」於是太后最終選了王莽之女為皇后。

就在王莽的權力一步一步登上頂峰的時候，王莽的兒子王宇由於害怕現在的傀儡皇帝長大之後找自己報復，就與他的大舅子呂寬等人私下商議，準備用迷信的手段令朝廷歸政給另一外戚衛氏。但呂寬由於夜晚在王莽門第上灑血時被發覺而遭到逮捕，最終在獄中自殺。

王莽為了根除內部的禍患，心狠手辣地向上奏請殺掉自己的兒子王宇。王莽借機窮治呂寬之獄，誅除了異己勢力多達一百多人，同時向全國宣揚自己「大義滅親」的美名。

幾年後，王莽的黨羽中有人策劃在挖井的時候得到一塊白石，上面有丹書寫著「告安漢公莽為皇帝」的字樣。王莽藉機讓黨羽們對皇太后施加壓力，最終拜王莽「居攝踐祚，如周公故事」。

居攝了三年後，王莽終於按捺不住了，他的黨羽之一偽造了裝有天帝旨意的金盒子，裡面裝有「天帝行璽金匱圖」和「赤帝行璽傳予黃帝金策書」。於是，在一場紛亂荒誕的「禪讓」儀式之後，王莽成為了皇帝，並改國號為「新」。

但在王莽當上皇帝之後不久，全國各地不斷爆發反叛和大規模的農民起義。五年後，綠林軍殺入長安，王莽遭到起義軍殺死，他的首級被割下遊街示眾，憤怒的百姓紛紛割下他身上的肉食用。

王莽為了一個高高在上的帝位用盡心機，最終卻遭受如此淒慘的下場！

和王莽類似的，還有唐朝的酷吏來俊臣和竊國大盜袁世凱。來俊臣想盡了辦法製造各種刑具，結果最後卻被滅族；袁世凱冒天下之大不韙而登基稱帝，結果他在那個龍椅上只坐了八十三天！

天道輪迴，冥冥中自有一種不可抗拒的力量主導了每個人的人生。爲了滿足不斷擴大的慾望而機關算盡，爲了追求本不屬於自己的東西而勞心費神，結果卻常常是「反誤了卿卿性命」，這值得每個人加以深思。

懷疑不停，不見得比較聰明

越是聰明的人則越是多疑，值得深思的是，如此「聰明」導致如此多疑的性格，對自己真的有好處嗎？這樣真的就是聰明嗎？

不聰明的人通常都只是「少一根筋」，想法少、眼界小，所以考慮起問題來相對簡單，但聰明的人卻往往把簡單的事情導向複雜的方向來考慮。

就如同成語「歧路亡羊」所揭示的一樣，找羊時發現路上有兩條歧路，結果這兩條歧路上還有歧路，歧路越來越多，羊走上每一條路的可能性卻相同。

聰明的人總是在辦事情的時候考慮到各種可能性，就如同不斷出現的歧路一樣，這也有可能，那也有可能。總是耗費心力各方懷疑，但也因此使找到正

確道路的效率大大降低。

《三國演義》中的曹操就是一個十分多疑的人，也許是「工作壓力太大」的緣故吧，常常會捕風捉影地認爲有人意圖謀害他。

由於假借獻刀實為行刺的計劃被董卓發現，曹操逃出了京城。一路上雖然小心翼翼、戰戰兢兢，卻還是在經過中牟縣的時候被守關軍士拿獲。幸虧他運用機智，以一番正義的言論唬住了縣令陳宮。

陳宮將曹操放了，並和他一起逃跑。

兩人奔逃了三日，到了成皋附近時天色已晚。曹操對陳宮說：「此間有一人姓呂，名伯奢，是我父親的結義弟兄，咱們就去他家中歇息一宿如何？」

陳宮答道：「如此最好。」

二人至莊前下馬，叩門入見了呂伯奢。呂伯奢說：「我聽說朝廷遍行海捕文書在捉你啊，令尊已經到陳留避禍去了，你如何到此？」

曹操將自己的經歷告訴他，並且介紹陳宮與他認識。

三人聊了一會，呂伯奢說：「老夫家無好酒，我去往西村沽一樽待客。」說完就騎上驢匆匆忙忙而去。

曹操和陳宮坐在房中老半天，忽然聽到莊後有磨刀之聲。

曹操立刻起了疑心，說道：「呂伯奢不是我家至親，此去十分可疑，我們應當竊聽一下是怎麼回事。」

二人偷偷摸摸地轉到草堂後，只聽見有人說話道：「不如先綁起來再殺怎麼樣？」

曹操說：「果然不出我所料！現在如果我們不先下手，必定要遭擒獲。」於是拔劍直入，一連殺死八人。

兩人搜至廚下，卻發現地上有一隻綁好了準備宰殺的豬。陳宮後悔道：「孟德你太多心，以至於誤殺了好人啊！」

兩人急忙出莊上馬而行。

行不到二里，只見呂伯奢驢鞍前懸掛著二瓶酒，手攜果菜回來，叫道：「賢侄與使君為什麼現在就要離去啊？」

曹操說：「我是通緝犯，不敢久住。」

呂伯奢又說：「我已吩咐家人殺一頭豬來款待你們，何不留宿一宿再走呢？快快回轉吧。」

曹操不理會他，策馬便行。

行不數步，忽然拔劍復回，衝著呂伯奢背後叫道：「來者何人？」呂伯奢忙回頭看，曹操趁機揮劍把他砍倒在驢下。

陳宮大驚道：「剛才是誤殺，你現在又是幹什麼啊？」

曹操說：「呂伯奢到家，見殺死多人，豈能善罷干休？如果他率眾來追或者報官，我們必遭其禍。」

陳宮說道：「明知人家無辜而故意殺死他，你這是大不義啊！」

曹操立刻以凝重的語調說出了他那句流傳千古的名言：「寧教我負天下人，休教天下人負我。」

《三國演義》中的這個橋段生動地描述了曹操多疑而又殘忍的性格。雖然現實生活中我們絕大多數人都不會像曹操那樣疑神疑鬼，但卻往往對與自己密切相關的訊息頗多懷疑。

越是聰明的人則越是多疑，懷疑得多了，難免有時會把「殺豬」懷疑成「殺人」，把「馮京」懷疑成「馬涼」。

值得深思的是，如此「聰明」導致如此多疑的性格，對自己真的有好處嗎？這樣真的就是聰明嗎？

有單純的心思才會有好的運氣

糊塗的人之所以能夠獲得好運氣，正是因為他們大都善良純真不走邪路，走正路才會有好運氣。

我們常常聽說，某個外表平凡無奇的普通男人卻娶了個如花似玉的美嬌娘，而某個聰明精幹樣貌英俊的男人卻一直與丘比特無緣；某個不學無術的庸才短短數年內連升三級，一輩子平穩順遂稱心如意，而某個才高八斗的人才卻一輩子鬱鬱不得志。

這種現象讓人不禁要問，爲什麼似乎聰明的人總是命運多舛，普通人卻總是好運連連？這兩者的境遇爲何會有如此大的差別？

在金庸武俠小說中，有兩個主人公都是又糊塗又有好運氣的典型代表。一個是《俠客行》中的「狗雜種」石破天，另一個就是《天龍八部》中的醜和尚虛竹。

石破天出場的時候只是一個流浪落魄的小乞丐，甚至連名字也沒有，只知道他的娘叫他作「狗雜種」。但是，這樣一個小乞丐，卻因爲糊裡糊塗地從撿到的燒餅中吃到了一枚武林中人人爭奪的「玄鐵令」，而改變了一生的命運。

由於「玄鐵令」的主人謝煙客承諾，凡是拿到玄鐵令的人都可以要求自己做一件事——不論任何事，他都不能拒絕。但謝煙客不管是威逼也好，利誘也罷，石破天就是糊塗得不肯開口說一個「求」字。

萬般無奈的謝煙客只好把石破天帶回了自己隱居的摩天崖。在兩人共同生活的數年之中，謝煙客多次想謀害石破天，甚至教他練一種「陰陽不調而相沖相剋，龍虎拚鬥，不死不休」的自殺式內功。結果又是因爲石破天「渾渾噩噩，於世務全然不知，心無雜念，這才沒踏入走火入魔之途」而沒能得逞，反而在

連環巧合之下助石破天練成了渾厚無比的內功。

在俠客島之行的過程中，又是因爲石破天壓根就不識字，所以才練成了數百武林高手都無法練成的「俠客神功」。這一連串的巧合使一個糊塗懵懂的少年，終於成爲了一代武林宗師。

這故事表面上看去似乎過於離奇，細細想來卻言之成理。正是因爲石破天的糊塗懵懂，使他保持了一顆樸實純潔的「赤子之心」，也正是因爲他的樸實純潔，所有外來的邪魔歪道都不能夠對他蠱惑迫害，最終才能成爲一代大俠。

與石破天類似，《天龍八部》中醜和尚虛竹的糊塗雖然不如他，但運氣卻似乎一點不差，不過虛竹的所謂「好運氣」都是強加在他身上的，與他的人生目標和理念背道而馳，因此他認爲這些都是厄運。這個故事就是以虛竹固有人生觀的一步步淪陷爲表現形式。

虛竹從小就在少林寺中長大，他的人生目標就是成爲一個好和尚，一個遵守所有清規戒律的好和尚，所以他就連喝一碗水也要念飲水咒，超度水裡的「八萬四千小蟲」的亡魂。

但是當他因爲想要救段延慶的性命而「閉了眼睛，隨手放在棋局之上」破了聾啞老人蘇星河的珍瓏棋局之後，他的命運開始改變。先是被無崖子強行灌輸了七十年苦修的內功，接著又被阿紫開玩笑一般地騙他喝了雞湯而破了葷戒，最後又被天山童姥軟硬兼施地破了殺戒和色戒。

最後虛竹雖然經歷了剛與親生父母相認便生死分別的痛苦，但最終還是練成了絕世神功、娶得西夏公主，也算有失必有得了。虛竹與石破天相同，也是因爲心地善良而獲得了好運。

石破天和虛竹的故事，說明了作者金庸先生想表現這樣一個道理：「糊塗的人之所以能夠獲得好運氣，正是因爲他們大都善良純眞不走邪路。」

翻開中國古典哲學的始祖《周易》，你會發現許多卦辭都寫著「貞吉」。貞者，正也。「貞吉」的意思是走正路才會有好運氣，卦辭裡沒點明不走正路的下場，但想必你已了然於心。

聰明的人，往往不會做人

對一個「聰明人」來說，由於自身的才華不被他人和社會認可所帶來的打擊，往往會造成比其他任何外來力量還要大的殺傷力。

晚唐詩人李商隱在他的《有感》一詩中寫道：

中路因循我所長，古來才命兩相妨。

勸君莫強安蛇足，一盞芳醪不得嘗。

「古來才命兩相妨」多麼一針見血卻又傷感無比、萬分無奈的詩句啊！從古至今，許多人的聰明才智和命運遇合彷彿是一個翹翹板的兩端，這邊高起來，那邊就一定會低下去，兩邊永遠不可能同時處於高峰或低谷。

富於聰明才智的人被貶謫流放，甚至被迫害謀殺，而平庸無能之輩卻被接納升遷，被寵幸封賞。

所以，大詩人杜甫說「文章憎命達，魑魅喜人過」、「紈褲不餓死，儒冠多誤身」。詞人辛棄疾也說「卻將萬字平戎策，換與東家種樹書」、「近來始覺古人書，信著全無是處」。

這種種表述似乎都告訴我們，聰明的人往往沒好運，糊塗的人往往多亨通。然而，事實眞是這樣嗎？

正如同李商隱《有感》這首詩裡面提到的畫蛇添足故事一樣，富於聰明才智者的兩種極端傾向，造成了自己命途多舛的壞運氣。

一種極端傾向就是畫蛇添足，用自己的高標準來解決低標準就可以解決的事，似乎只有這麼做才能顯示出自己的卓越才華，但獲得的結果常常是適得其反。另一種極端傾向就是自命清高、根本不屑畫蛇，也就是恃才傲物，認爲自己的做法是君子，他人則是小人，如此一來只會讓自己更加孤立。

這兩種極端傾向帶來的消極後果就是事業上屢受打擊、交際上遭遇排擠，於是高ＩＱ而低ＥＱ的「聰明人」就把這些歸咎於「命途多舛」了。

此外，對一個「聰明人」來說，由於自身的才華不被他人和社會認可所帶來的打擊，往往會造成比其他任何外來力量還要大的殺傷力。

宋朝詞人秦觀少年時豪俊慷慨，雖然第一次考進士沒有考中，但仍然意氣風發，繼續研讀他最喜歡的兵書，隱約有要幹一番大事業的意味。在老師兼好友蘇東坡的推薦下，秦觀又參加了第二次考試。這次他考取了進士，被分派做縣裡的主簿這種小官，後來才逐漸升遷到國史院編修的職位。

自北宋中期以來，朝廷裡一直是黨爭頻繁。身為國史編修，在撰寫國史時如果秉持公正的態度，必會兩邊不討好。

當時秦觀受命編寫《神宗實錄》，神宗主張變法，但當時掌權的卻是反對變法的守舊派。於是，秦觀編寫的《實錄》遭到了舊黨的抨擊。數年之後，太后去世皇帝親政，新黨又開始得勢，但新黨也把秦觀看做是他們的敵人。結果，秦觀在黨爭的夾縫之中被一貶再貶，一直被貶謫到當時還是蠻荒之地的廣東沿海。

與秦觀有相同遭遇的還有他的老師蘇東坡、好友黃庭堅，但蘇東坡和黃庭堅的個性都比秦觀曠達，懂得抒發胸中的苦悶。

秦觀的胸襟沒那麼寬廣，常常借助詩酒以排解憤懣。這種非常幽微晦窒的情緒雖然對文學創作有利，但對秦觀的個人健康來說卻十分有害。

度過了十幾年貶謫的生活後，秦觀就在傷感中去世了。和蘇東坡、黃庭堅相比，秦觀最年輕也最早逝，這不得不說和他過於自傷自憐的情緒有很大關係。

大事不糊塗，便能大展宏圖

對於那些牽涉生死存亡的「大事」，挺身而出，用自己的聰明才智去解決問題，這就是所謂的「小事糊塗，大事不糊塗」。

處世的最高藝術是「小事不妨糊塗，大事必須聰明；該糊塗的時候不要聰明，該聰明的時候絕對不能糊塗」。

任何一件事情，若是強調得太過，往往會造成一些負面影響，爲人處世的藝術也是一樣。

做任何事情都有時與度的問題，本來好的事情，如果掌握的時機不合適、實行的程度不合適，反而會適得其反。

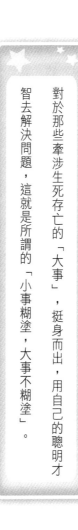

眞正掌握爲人處世精神的人，並不是對所有的事都糊塗了事，而是有選擇、有目的的，一旦遇到大事，便發揮精明的一面。

對於那些無關痛癢、牽涉利益並不多的「小事」，通常他們都不太關心，用「無所謂」的態度過關。

但是，對於那些牽涉利益廣泛、甚至關係到一人、一家、一國生死存亡的「大事」時，他們就會挺身而出，用自己的聰明才智去解決問題，這就是所謂的「小事糊塗，大事不糊塗」。

這句話出自《宋史·呂端傳》。

宋太宗趙光義想罷免當時的宰相呂蒙正，任用呂端，有人對他說：「呂端為人糊塗，難擔此大任。」

宋太宗說：「呂端小事糊塗，大事不糊塗。」決心讓呂端當宰相。

那麼，呂端究竟在什麼小事上糊塗了呢？原來，呂端曾經被貶過兩次官，一次是因為他手下的一名官員犯了錯誤，連帶他也受罰；另一次則是當時有一

位王爺死了，結果有人揭發他的陰私，指出呂端曾經在皇帝的面前說過這位王爺的好話，所以也連帶受了懲罰。

這兩件事情說明，呂端對與他交往的人比較「糊塗」，難免會受到別人的牽連。但由於他自身行端坐正，得到了宋太宗的信任，所以歷經兩次貶官之後隔沒多久就官復原職，甚至升遷了。

真正考驗呂端品性和才幹的，則是他經歷的一些大事。呂端曾經渡海出使高麗國，行至半路遇到了暴風雨，「暴風折檣，舟人怖恐」，但呂端卻手拿書卷，彷彿正在家裡的書房讀書一樣。

呂端當上宰相以後，有一次，西夏首領李繼遷在邊境侵擾，邊防軍擄獲了他的母親。宋太宗單獨召見了當時主管軍事的寇準商量該如何處置。

當寇準告退的時候路過呂端的辦公室，呂端懷疑有什麼軍國大事，就攔住寇準說：「皇上有沒有嚴禁你對我透露消息？」

寇準說：「沒有啊。」

呂端又說：「如果是邊防上的平常事，我就不必知道了。如果是軍國大計，我備位宰相，不可不知啊。」

寇準就把擄獲李繼遷母親的事告訴了呂端。

呂端說：「皇上準備怎麼處置？」

寇準說：「準備在保安軍北門外將她斬首，用來警告凶逆。」

呂端聽了，對寇準說：「這麼做，恐怕不太好。我希望你能暫緩執行，待我先去面見皇上再論。」

呂端入見對宋太宗說：「當年項羽抓住了劉邦的父親，準備把他煮了，但劉邦卻說：『願分我一杯羹。』所以說，凡是舉大事的人都不顧他的親人，更何況李繼遷這樣的悖逆之人呢？陛下今日殺之，明日能把李繼遷擒獲嗎？如果不能，那麼白白結下怨仇，反而會增強他的反叛之心啊。」

宋太宗說：「那麼我該如何處置呢？」

呂端說：「以臣之愚見，不如把她安置於延州，讓人好生伺候並加以監視，用以招撫李繼遷。就算不能令他立刻投降，也可以讓他有所顧忌，畢竟他母親的生殺大權掌握在我們的手裡。」

宋太宗立刻高興地拍著大腿說：「若非愛卿你提點我，我的大事恐怕有所誤失。」然後就採用了呂端的計劃。

後來李繼遷的母親病死延州，不久李繼遷也死了，李繼遷的兒子終於臣服投降，這都該歸功於呂端縝密的思慮。

在封建王朝裡，最重要的「大事」莫過於皇位的移轉。宋太宗病危時，後來的宋真宗趙元恆是皇太子，但並不是長子。此時，曾經幫助宋太宗奪位的大宦官王繼恩又想故技重施，說動李皇后，並與李昌齡等幾個大臣準備發動政變，謀立太宗的長子趙元佐為帝。

宋太宗死後，李皇后派王繼恩召見宰相呂端。呂端敏感地察覺了局勢的變化和潛在的陰謀，趁機把王繼恩反鎖在閣樓裡，並派人看守。

當呂端面見李皇后的時候，李皇后說：「現在先帝已經登天，以長子立嗣是順理成章的事情，你看應該怎麼辦？」

呂端不卑不亢地說：「先帝立太子正是為了今日的局勢做準備，現在先帝剛剛棄天下而去，難道我們可以違抗他的遺命嗎？」於是率領百官擁立太子趙元恆為帝，是為宋真宗。

可是宋真宗即位的時候，也許不太習慣，是垂簾面見諸位大臣的。於是呂端「立而不拜，請捲簾」，直到宋真宗撤了簾子，呂端才率領群臣拜呼萬歲。

宋朝首次依正統程序也是第一次由宰相參與意見的皇位繼承，就在呂端的主持下順利進行了。

能夠像呂端這樣，小事糊塗，大事不糊塗，才是智慧、謀略的完美展現。

做人靠智慧，做事靠謀略

在局勢不利的時候潛伏不動以待將來，如果機遇來臨，身邊的環境都處於十分良好的情況，就可以「飛龍在天」，大展宏圖了。

人的一生不應凡事斤斤計較，該糊塗時糊塗，該聰明時聰明。平時可以裝得庸庸碌碌，既可以避免引起別人的嫉妒、打擊，也可以麻痺自己的敵人。但是到了關鍵時刻，就不應該糊塗下去，應該「適時出手」。

韓琦以品性端正著稱，遵循著得饒人處且饒人的生活原則，從來不曾因為膽識過人而被人稱許。

宋英宗甫駕崩的時候，朝臣們慌忙請召太子進宮即位，但是太子還沒到，英宗的手卻又動了一下，另一位宰相曾公亮嚇了一跳，急忙告訴韓琦，先不要召太子進宮。

韓琦拒絕說：「先帝要是再活過來，就是一位太上皇。」隨即催促眾臣召請太子，最終避免了一場風波。

《易經》之中的第一卦「乾」，用龍來象徵人處在人生的不同階段應該採取的態度和修養。當一個人處於社會最底層或者是外界環境對其不利的時候，應該「潛龍勿用」，隱藏自己的能力韜光養晦，利用此時「充電」，以待將來時機有利時大展宏圖。

三國時與諸葛亮鬥法屢敗屢戰的司馬懿也是一個謀略家，處於「潛龍勿用」的時候，用裝病裝癡的手段來迷惑對手，最終掌握了魏國的軍政大權。

魏明帝即位後，大將軍曹爽和司馬懿同執朝政。但魏明帝對司馬懿並不信

任，於是假意將他升作太傅，用明升暗降的方法剝奪了他的軍權，軍政大權落入曹爽的手裡。

司馬懿知道此時謀朝篡位的時機尚未成熟，應該以退為進，便假裝生病，閒居家中靜待時機。

大將軍曹爽驕橫專權，不可一世，但是仍然擔心司馬懿折自己的台。當時，正值他的幕僚李勝升任青州刺史，曹爽便令他前去司馬府辭行，藉以探聽虛實。

司馬懿聽說李勝來拜訪，連忙摘掉帽子，散開頭髮，用染料把臉色塗得黃黃的，用被子把自己蓋得密密實實，假裝身患重病，然後再請李勝入見。

李勝拜見過司馬懿後說：「我許久不見太傅，沒想到太傅你病到這般地步。現在小的我調做青州刺史，特來向太傅辭行。」

司馬懿裝糊塗道：「并州靠近北方邊境，務必要小心啊！」

李勝說：「我是往青州，不是并州！」

司馬懿又笑著說：「你從并州來的？」

李勝大聲說：「是山東的青州！」

司馬懿笑了起來：「是青州來的？」

李勝心想：「這老頭兒怎麼病得這般厲害？都聾了。」於是吩咐備妥紙筆，然後寫了字給他看。

司馬懿看了才明白，笑著說：「想不到耳朵都病聾了！」以手指口，要侍女即端湯給他喝。

司馬懿剛喝了兩口，又吐了滿床，噎了一番，才說：「我老了，病得如此沉重，怕活不了幾天了。我的兩個孩子又不成才，望先生教導他們，如果見了曹大將軍，千萬請他照顧！」

說完，司馬懿又倒在床上，一個勁地喘息起來。

李勝告辭回去，將他見到的情況報告曹爽，曹爽大喜，說道：「這個老東西快死了，這下我就可以放心了。」

從此，曹爽對司馬懿不再加以防範。

不久，曹爽護駕，陪同魏明帝出都城拜謁祖先。司馬懿立即召集昔日的部下，率領家將，佔領了武器庫，威脅太后，削除了曹爽的羽翼。

然後，司馬懿又哄騙曹爽，告訴他只要交出兵權，絕不加害於他，曹爽無奈之下將印綬交出。局勢穩定後，司馬懿就把曹爽及黨羽統統處斬，徹底掌握了魏國的軍政大權。

在局勢不利的時候潛伏不動以待將來，在局勢改變的時候就可以「見龍在田，利見大人」，如果機遇來臨，便「或躍在淵」，直到身邊的環境都處於十分良好的情況，就可以「飛龍在天」，大展宏圖了。

態度謙虛將更佔優勢

謙虛的人與人交往時會佔有較大的優勢。這種優勢是無形的，倘若一個人能夠謙虛誠懇地對待別人，便很容易得到別人的好感。

兩千五百多年前，孔子這位智者坐著顛簸不止的馬車到東周，向一位圖書管理員請教關於「禮」的問題。這位圖書管理員就是老子。

老子對孔子說：「良賈深藏若虛，君子盛德容貌若愚。去子之驕氣與多欲，態色與淫志，是皆無益於子之身。」

這句話的意思是，眞正會做買賣的商人，把他的貨物藏起來就好像沒有這個東西一樣；眞正有才華有品德的人，外表上看去就好像一個愚魯笨拙的人。

拋棄你的驕氣和過多的欲望，拋棄你做作的情態神色和好高騖遠的志向，因爲這些對於你自身都是沒有好處的。

結果孔子這位「至聖先師」受到老子的一番教誨以後，感慨地對他的弟子說：「鳥，我知道牠能飛；魚，我知道牠能游；獸，我知道牠能跑。會跑的可以織網捕獲牠，會游的可製絲線去釣牠，會飛的可以用箭去射牠。至於龍，我就不知道該怎麼辦了，牠是乘著風而飛騰升天的。我今天見到的老子，大概就是龍吧！」

此外，據《莊子》的記載，當楊朱去請教老子時，老子也諄諄告誡他不要太盛氣凌人，而是要謹言慎行、謙虛待人。

因此看來，老子把謙虛看得十分重要。

在這個充滿了各種激烈競爭的社會環境中，謙虛的人看上去並不出色。無論是謙虛還是謹慎，可能會讓許多人覺得是一種消極被動的生活態度。然而，實際上，謙虛這種生活態度，至少有兩大好處。

謙虛的人在與人交往時會佔有較大的優勢。這種優勢是無形的，倘若一個人能夠謙虛誠懇地對待別人，便很容易得到別人的好感；若能謹言慎行，更能贏得人們的尊重。

一個謙虛的人，人們不僅會認爲他是一個品格高尚的人，甚至有些人還會對這種謙虛行爲表示感激。

《抱朴子》一書中說：「勞謙虛己，則附之者眾，驕慢倨傲，則去之者多。」意思是：謙虛待人者，願意和他親近交往的人自然就多；如果驕傲自大，盛氣凌人，原來和他親近的人也會離他而去了。

隱藏自己的優點，對別人甚至是不如自己的人加以謙讓，的確是一件不容易的事。尤其是對那些本來就比別人優秀又有才華的聰明人而言，他們通常只相信「捨我其誰」、「唯我獨尊」，謙虛對他們來說更是難以做到。

不過，西漢大才子賈誼的故事倒是可以作爲這些聰明人的警惕，說明謙虛的品格是多麼重要。

賈誼是洛陽人，十八歲的時候就因誦讀詩書、文采出眾而聞名當地。

當時的河南郡守聽說賈誼才學優異，就把他召到衙門裡任職，對他非常器重。不久，漢文帝即位，河南郡守就向文帝推薦賈誼，說他年輕有才，能精通諸子百家的學問。

於是，漢文帝就徵召賈誼，讓他擔任博士的職位。

當時賈誼年方弱冠，是博士之中最為年輕的。每次漢文帝下令讓博士們討論一些問題，那些年長的老先生們都無話可說，但賈誼卻能一一回答，博士們都認為賈生才能傑出，無與倫比。漢文帝也非常喜歡他，因而對他破格加以提拔，一年之內就升任為太中大夫。

漢文帝是中國歷史上有名的明君，在他的領導下開創了「文景之治」。帝王聖明，社會安定，年少得志的賈誼認為自己大展拳腳的時刻終於到了，多次向漢文帝上書，提出一系列見解深刻又切中時弊的建議。比如應該改正曆法、變易服色、訂立制度、決定官名、振興禮樂、抑制王侯等等，但此時漢文帝方才即位，短時間內哪裡能夠執行的這麼多政策？

而且，賈誼實在不夠謙虛，每每在朝廷上侃侃而談，雖然言之成理，卻讓原來的那些年老重臣十分不耐。

於是，當漢文帝和大臣們商議，想提拔賈誼擔任公卿之職的時候，周勃、灌嬰、馮敬這些人都十分嫉妒賈誼，就誹謗賈誼說：「賈誼這個洛陽人，年紀輕而學識淺，只想獨攬大權，會把政事弄得一團糟的。」

雖然漢文帝十分欣賞賈誼的學識和才華，但不能不考慮這些元老重臣的意見，便開始疏遠賈誼，漸漸不再採納他的意見，後來任命他到當時屬於貧困地區的湖南去做長沙王太傅。

當時的長沙地勢低窪，氣候潮濕，賈誼自認為壽命不會很長，同時又由於被貶至此，內心非常不愉快。當他在渡湘水的時候，寫下了一篇辭賦來憑弔投水而死的屈原以排遣自己的情緒。

數年以後，賈誼改任梁懷王太傅。但是後來當時還是小孩的梁懷王騎馬時不慎摔死，賈誼認為自己身為太傅沒有恪盡職責，常常傷心哭泣，不久便去世、了。當時賈誼年僅三十三歲。

一千兩百多年以後，另一位大文學家蘇東坡在他的《賈誼論》裡除了對賈誼的早逝加以同情之外，也委婉地批評了他這種不夠謙虛又器量狹小的性格。他說：「若賈生者，非漢文之不用生，生之不能用漢文也。」連漢文帝這樣的明君都不能重用賈誼，說明賈誼實在是有所不足。

那麼，賈誼的不足在哪裡呢？

「嗚呼！賈生志大而量小，才有餘而識不足也。」

蘇東坡認爲賈誼志向雖然高遠，但器量實在太小，怎麼能僅僅因爲自己的學生梁懷王摔死就傷心痛苦地去世呢？才華雖然出衆，但見識卻是不足，怎麼不懂得謙虛待人等待時機成熟呢？

蘇東坡認爲，賈誼應該「上得其君，下得其大臣」，對待周勃、灌嬰等老臣應該謙虛地結交請教，這樣才能使皇帝不猜忌、大臣們不嫉妒，「然後舉天下而唯吾之所欲爲，不過十年，可以得志」。總之，蘇東坡認爲，是賈誼的性格缺陷導致了他的失敗。

像賈誼這樣的大才子，卻因爲不懂得用謙虛的態度來保護自己，結果招致了別人的嫉妒，最終客死異鄉。

這樣的故事告誡我們，不要輕忽謙虛在社會生活中的重要作用。

謙虛的另外一個重大好處是能隱藏自己，迷惑對手，令自己的敵人驕傲放縱，進而造成自己可以利用的勝機。表現得謙虛甚至卑微，就會讓對手輕視自己，放鬆了對自己的警惕心。

《史記．匈奴列傳》記載，漢朝初年的時候，北方的遊牧民族匈奴發生了內亂，冒頓透過謀殺父親的方式成為新單于。此時的匈奴尚未強盛，匈奴東邊的另一個遊牧民族東胡則十分強大。

當東胡得知匈奴內部發政變之後，借機訛詐，派人向冒頓討索他父親當年曾經騎過的千里馬。冒頓召集大臣們商議如何因應，大臣們都說：「千里馬是

匈奴的珍寶，不能送給他們。」

但是，冒頓單于認為自己的力量還不夠強大，不宜與東胡正面對抗，況且自己的統治也還不穩固，於是就把千里馬送給了東胡，並且派使臣謙卑地向東胡表示友好。

過了不久，東胡王又派人向冒頓索要他的一個閼氏（相當於妃子）。匈奴的大臣們十分憤怒，認為這是對單于的侮辱，應該立刻發兵攻打東胡。可是，冒頓覺得時機尚未成熟，便不顧群臣的反對，把閼氏送給了東胡王。

東胡幾次向匈奴索取財物美女都如願以償，便覺得匈奴弱小怕事，於是更加驕橫了，準備向西擴張，侵佔匈奴的土地。

東胡與匈奴接壤的地方有一片千餘里的荒蕪之地，東胡首先向冒頓單于提出了將這片土地納為東胡領土的要求。

匈奴的大臣們都認為這片土地既杳無人煙，又沒有肥美的草原，可以大方地割讓給東胡。但是，此時冒頓單于覺得自己的力量已經足以與東胡抗衡，不必再退讓，便趁此機會大舉向東胡進攻。

東胡由於匈奴對自己一向表示謙卑，並未多加防備，在匈奴的突然襲擊之下慘遭大敗，大批人民和牛馬被匈奴擄走。此後強盛的東胡在數百年間徹底衰落，直到東漢末年才化身為鮮卑東山再起。

冒頓單于以故作謙卑的方法迷惑了對手，讓他們誤以爲自己軟弱可欺，因而放鬆了警惕。春秋時期，晉國利用「退避三舍」的方式誘敵深入，最終打敗了強大的楚軍，也是這種方法的經典運用。

03

適時裝傻，隱藏自己的想法

在做大事時要把自己的目的、意圖隱藏起來，

像收緊一個口袋一樣把自己內心的想法牢牢地掩蓋起來，

不被別人瞭解自己的真正企圖。

只有真實，才能不被動搖

謊言總會有漏洞，無論經過多仔細的推敲設計，隨著時間過去，正如同河水中的雜質漸漸被淘洗，能屹立不搖的只有「真實」。

中國當代作家王蒙曾在他的作品中寫道：「只有真實的東西才是自然而然，只有自然而然的東西才是真實。」

對於「眞」與「僞」，一般人常常看不眞切，甚至分不清楚。什麼是眞實？什麼是虛假？不知道自己所追求的究竟是什麼，它是眞實的嗎？是長久的嗎？是有價值的嗎？

眞假之間，有太多的可能，我們必須學習明辨。

李靖是唐朝初期傑出的軍事家，唐高祖李淵早年在山西起兵造反，李靖便是他的左右手，曾經拚死救過李淵的性命。後來，李淵滅了隋朝，建立大唐，封李靖為岐州刺史。

誰知，他早年結下的一個仇敵如今在京城為官，日夜想著報復，欲置他於死地，而李靖本人對此一無所覺。

一日，那人向李淵上奏，說李靖正在岐州招兵買馬，準備造反，還列舉出種種看似有力的罪證。

這項消息令李淵大為震驚，因為李靖是大唐的開國元勳，假如真的造反，必然會吸引很多人起兵響應，不容小覷，於是，便趕緊指派了一個掌管監督官員的御史來審理，並下旨一定要查個水落石出。

這名御史與李靖是多年故交，深知李靖一心為國，不可能造反，必定是遭到了小人的誣陷，決心要替他洗去不白之冤，便向李淵請旨：「陛下，由於原告最清楚李靖的罪行，臣懇請陛下特許微臣和原告一起往岐州調查取證，這樣辦起案子來才會得心應手啊！」

高祖一聽有理，就答應了請求。

御史假裝非常高興地拿著狀子和原告一起上路，過了幾個驛站之後，他露出極度懊悔的模樣對原告說：「壞事了，我昨晚把你的狀子給弄丟了，今天早上找了半天也不見蹤影，這下可怎麼辦才好啊？」

原告一看丟了狀子，一下子也沒了轍，這時御史趁機對原告提議：「我看不如這樣，勞煩大駕再重新寫一份狀子吧！反正都是一樣的。」

原告一想也對，命人準備筆墨，很快又寫了一份狀子。

回到自己的住處，御史拿出兩份狀子一比對，發現內容大不相同，指控李靖的罪名本來就是憑空附會捏造的，自然無法做到完全一樣。

御史快馬加鞭地拿著兩份狀子返回京城向皇帝報告，李淵實知曉情後大為震怒，立即將誣陷李靖的元兇判了死刑。

撒謊的人總是滿懷自信，認爲自己相當聰明，所佈下的詭計與騙局不可能被

看穿，所以能夠大言不慚、顛倒是非，甚至藉此事招搖撞騙。

可是，謊言總會有漏洞，無論經過多仔細的推敲設計，終有露出馬腳的一天。或許太多的外在因素會讓人一時無法看清楚眞相，但隨著時間過去，正如同河水中的雜質漸漸被淘洗，能屹立不搖的只有「眞實」。

僞善的教條終會被顛覆，虛假的騙局終會被看穿，唯有眞實才能長久，才能符合人與萬物的眞正需要。

循循善誘，才能讓頑石點頭

才人亦如良馬一般桀驁不馴，斷不能用平常的方式來馴服，而是應該放下身段，以靈活柔軟的態度來包裝諄諄善意。

近代兒童教育家陳鶴琴曾說過一句名言：「在教育方面，誘導比威嚇、叨唸、打罵都來得好。」

常聽人抱怨時下的年輕一代「不愛看書、不長進、不受教」，說的人搖頭嘆氣，聽的人也是感同身受，似乎都認爲再這樣下去，國家社會的未來非要完蛋不可。不過，事實未必如此，很多年輕人都擁有傑出的資質天賦，若想要好好教育他們，就要換個不同的教育方法。

王守仁是明朝時期著名的哲學家和教育家，世稱陽明先生。當時還有另一位著名的人物，名叫王龍溪，字汝中，進士出身。

王龍溪年輕的時候，因聰明過人而遠近聞名，天生好交遊，日日和人在酒館和賭場飲酒下棋，尋歡作樂，每回都喝得酩酊大醉，輸得一塌糊塗。

王守仁聽說王龍溪是個難得的人才，又聽說他整天遊手好閒，出沒於酒館賭場之間，就想和他當面談談，收為弟子，好好栽培他。但王龍溪整日外出鬼混，像王守仁這樣潔身自愛，又有操守的儒者根本找不到時機接近他。

經過思索推敲之後，王守仁終於想出一個辦法來，不再如先前那般積極試圖接觸王龍溪，反而讓自己的弟子們開始學著玩棋賭博、飲酒作樂，一段時間之後，才派一個弟子偷偷跟蹤王龍溪。

這個弟子平日就不喜歡讀書，每天只想著如何淘氣玩耍、下棋飲酒，喜愛四海交遊的性情脾氣比起王龍溪，真可說是有過之而無不及。

他隨同王龍溪來到一家酒店後，便上前要求一起賭博，王龍溪一看是個書

生，大聲笑道：「你們這些迂腐的儒生，每日只會搖頭晃腦、吟詩作對，舞文弄墨，竟然也敢來和我賭？我非把你的老本全部贏光不可！」

那個弟子笑答：「那我們就試試吧！」

結果竟是王龍溪輸了個精光。

王龍溪覺得有些奇怪，心想自己整天吃喝玩樂，下棋賭博，怎麼會玩不過他呢？就請問對方有何高招，弟子回道：「沒什麼，我們天天在老師家裡賭博，下棋喝酒更是家常便飯。」

王龍溪聽說如此，感到十分驚訝，連忙請求那個弟子為自己引薦，前往拜訪王守仁。來到學館，兩個人一見面，王龍溪當場被王守仁氣宇軒昂的風采氣質折服，即刻拜王守仁為師，成了他的弟子。

在王守仁悉心教誨和循循善誘下，王龍溪的學業突飛猛進，成為眾多弟子中最為出色的一個。日後，每當別人提及他年輕時候拜師的往事，王龍溪總是感慨萬千地說：「老師的高明之處，我這輩子實在望塵莫及。」

「循循善誘」四個字，就是王守仁之所以能將王龍溪引向成功之路的關鍵。爲了這個原因，王守仁甚至可以讓學生在上課時下棋喝酒，藉以吸引王龍溪的注意，讓他主動接近。

王龍溪一開始並不受教，更沒有半點好學生的樣子，但是王守仁並不因此放棄，也不感到苦惱生氣，而是站在學生的角度，思考出能夠眞正引起對方興趣與學習之心的方法。

有時候，才人亦如良馬一般桀驁不馴，斷不能用平常的方式來馴服。

如果當初王守仁是以高高在上的態度來勸說王龍溪，依王龍溪的個性，絕對沒有辦法及時接受，當然，也就不會有一代名士的產生。

如果眞的是爲了對方著想，就應該放下身段、拋棄固執的想法，以靈活柔軟的態度來包裝諄諄善意，以親切代替威脅、嘮叨及告誡，才能成功打動對方的心，達到眞正的目的與效果。

適時裝傻，隱藏自己的想法

在做大事時要把自己的目的、意圖隱藏起來，像收緊一個口袋一樣把自己內心想法牢牢地掩蓋起來，不被別人瞭解自己的真正企圖。

《三國演義》中有一段「青梅煮酒論英雄」的經典橋段。當時劉備落難投靠曹操，曹操很寬容地接待了劉備。可是，劉備豈是甘心久居人下的角色？他在許都住了一段時間，參加了國舅董承等人發起的「黑社會性質組織」，在所謂的衣帶詔上親筆簽名，準備聯合反曹。

但劉備畢竟做賊心虛，害怕曹操發現他的陰謀，於是整天在後園裡面種種菜、澆澆花，以此來迷惑曹操，希望他能夠放鬆對自己的注意。

不過，單單這樣還不夠，必須適時裝傻，才能隱藏自己的想法。

某天，曹操邀請劉備入府飲酒。剛一見面，曹操就說：「玄德，你在家做得好事！」這話嚇得劉備面如土色。

曹操又說：「你學種菜可真是不容易！」

劉備這才放下了心，回答說：「只不過是沒事消遣罷了。」

曹操說了一會自己當年「望梅止渴」的經過，說道：「現今梅子正青，不可不賞。又值煮酒正熟，所以特邀你來我這裡作客。」劉備心神方定。

兩人來到一個小亭，在裡面坐好，你一盅我一盅地喝了起來。酒至半酣，忽然陰雲漠漠，驟雨將至。因常言道，雲從龍，風從虎，曹操來了興致，對劉備說：「使君知道龍之變化嗎？」

劉備說：「願聞其詳。」

曹操說：「龍能大能小，能升能隱。大則興雲吐霧，小則隱介藏形；升則飛騰於宇宙之間，隱則潛伏於波濤之內。方今春深，龍乘時變化，就彷彿人得志而縱橫四海。龍之為物，可以用世間的英雄和他相比。玄德，你久歷四方，一定知道當世英雄。請試言之。」

劉備說：「我肉眼凡胎，哪裡識得什麼英雄？」

曹操說：「不要過謙。」

劉備說：「不是我謙虛，我劉備只不過是託您曹丞相的福才在朝中做官。至於天下英雄，我實有未知。」

曹操說：「就算不識其面，也應該聽說過他們的大名。」

劉備見實在推辭不了，只好說：「淮南袁術，兵精糧足，可為英雄否？」

曹操笑說：「袁術只不過是塚中枯骨罷了，我早晚必擒獲他！」

劉備又說：「河北袁紹，四世三公，門多故吏。現在他虎踞冀州之地，部下能人極多，可為英雄否？」

曹操又笑：「袁紹色厲而膽薄，好謀而無斷。幹大事而惜身，見小利而忘命。他也不是英雄啊。」

接下來劉備又舉出劉表，曹操說他是「虛名無實」。劉備舉出孫策，曹操

說他只不過是憑藉父親的遺業；劉備舉出劉璋，曹操說他是「守戶之犬」，根本不值一提。劉備接著又舉出張繡、張魯、韓遂等人，曹操鼓掌大笑說他們都是「碌碌小人，何足掛齒」？

最後劉備只好說：「除了以上那些人以外，我實在不知道了。」

曹操說道：「所謂的英雄，應該是胸懷大志，腹有良謀，有包藏宇宙之機，吞吐天地之志才行。」

劉備說：「誰能做到這樣呢？」

曹操用手指了指劉備，然後又指了指自己，說道：「今天下英雄，唯使君與操耳！」

劉備聞言，大吃一驚，手裡面拿的筷子不覺落於地下。正好此時大雨將至，雷聲隆隆。劉備急忙抓住這個機會掩飾自己的失態，於是從容地俯首撿起了筷子，說道：「雷霆的一震之威，竟至於此。」

曹操笑著說：「大丈夫也怕雷嗎？」

劉備說：「聖人迅雷風烈必變，怎能不怕雷呢？」就將剛才驚嚇落筷的緣故,輕輕地掩飾過去了。

曹操於是未曾懷疑劉備。

劉備藏而不露,人前不誇張、顯炫、吹牛、自大,裝聾作啞不把自己算進「英雄」之列,雖然在被曹操道破自己心事的一瞬間驚嚇得失落了筷子,但馬上就急中生智掩蓋了過去。

劉備雖然有英雄之志,但如果在這種情況下顯露一點這種想法的話,曹操一定會毫不客氣地除掉他這個未來爭奪天下的對手。

《易經》裡告訴我們,在做大事的時候要「含章荷貞」,把自己的目的、意圖隱藏起來,要「括囊」,像收緊一個口袋一樣把自己內心的想法牢牢地掩蓋起來,不被別人瞭解自己的眞正企圖。

有的時候,要隱藏的,不僅僅是自己的目的、意圖,甚至是自己的聰明智慧、才幹優點。因爲這些同樣會招致麻煩,尤其是當你處於人際關係混亂複雜,而你又距離權力核心比較近的「高危險地帶」。

春秋戰國時期，齊國有位有威望的賢者叫隰斯彌，當時在齊國掌權的大臣是田成子。田成子雖然頗有竊國之志，但唯恐別人察覺自己的用心。一次，田成子邀隰斯彌談話，兩人一起登臨高台眺望風景。

此時東西北三面都是廣闊的原野，遠處的無限風光盡收眼底，唯獨南面卻有一片隰斯彌家的樹林蓊蓊鬱鬱，擋住了他們的視線。

隰斯彌在談話結束後回到家裡，立即叫家僕帶著斧頭去砍伐樹林。可是才砍了幾棵，他又叫僕人趕緊停手。

家人對此感到莫名其妙，問他為什麼如此顛三倒四。

隰斯彌說：「國都的郊外唯有我家一片樹林突兀而立，從田成子的表情看，他是不會高興的，所以我回家來急急忙忙地想要砍掉。可是，後來一轉念，當時田成子並沒有對此表示不滿，相反地倒十分籠絡我。田成子是一個非常工於心計的人，他正野心勃勃地要謀取國位，很怕有比他高明的人看穿他的心思。在這種情況下，我如果把樹砍了，就表明了我有知微察著的能力，那就會使他對我產生戒心。所以，不砍樹，說明我並不知道他的心思，尚算不上有罪而可避害；若是砍了樹，表示我能知道他的內心，這個禍，闖得可就太大啦！」

隰斯彌的推測並沒有錯，如果他眞的將樹林砍掉，就正如同楊修看透了曹操的內心一樣，恐怕遲早要被田成子殺害。

在這種情況下，還是裝傻一點比較好。

在關鍵時刻，懂得適時裝糊塗，用含蓄的方式把自己的胸懷、志向隱藏起來明哲保身，更能成就大事。

厚道做人，才能取得信任

一個厚道的人，往往會令身邊的人覺得十分可靠並有安全感，如此一來你的朋友就會漸漸增多，人際關係也會更加融洽。

長久一來，「厚道」一直被用來表示對於一個人品格的讚賞，可是伴隨著現代社會商品化的傾向越來越高，重利輕義的行爲越來越嚴重，「厚道」幾乎變成一種表示這個人沒用、窩囊，具有諷刺意味的負面辭彙。

可是，爲人處世時，「厚道」卻是一個可以用來僞裝自己的有利武器。人的內在特質如何，尋常人看不出來，但如果一個人在表面上表現得十分厚道，那麼人們對他的信任就會增加。

唐朝中期爆發的安史之亂，罪魁禍首安祿山是一個野心勃勃的陰謀家，早就蓄謀發動叛亂，想取代唐王朝的統治。

但是爲什麼在十幾年間，安祿山的官職一升再升，唐玄宗對他的寵愛有增無減，絲毫沒有發覺他的險惡用心呢？其中一個重要的原因就是安祿山用他貌似忠厚的外表騙取唐玄宗的信任。

據唐人姚汝能的《安祿山事蹟》記載，安祿山第一次升職擔任范陽節度使之後，上了一個奏表給玄宗，其中說道：「自從去年七月以來，在我管轄的地區裡出現了紫色的毛蟲吃掉大片禾苗的災情。臣焚香向上天禱告說，如果臣有半點不行正道，侍奉皇上有半點不忠，就讓這些蟲子吃掉臣的心；如果臣遵守正道，侍奉皇上盡心竭誠，這些蟲子就應該全部消失掉。結果臣的禱告果然得到了上天的回應，不久就有許多赤頭青羽的鳥兒當空飛下，將蟲子全部吃光了。臣以為這是上天降福，請求把這件事情告知史館記錄在案。」

當唐玄宗對安祿山越發寵愛的時候，安祿山上奏說：「臣只不過是個卑賤的胡人，受到陛下您如此的榮寵，然而臣卻沒有什麼特殊的本領來報答陛下，只有以臣的微賤性命為陛下效死而已。」

唐玄宗看到這個上奏以後對安祿山十分憐愛，就命令皇太子也接見安祿山。安祿山見到太子，卻不下拜。

左右的侍衛說：「為什麼不下拜？」

安祿山回答：「臣是胡人，不識得朝中的禮儀，不知道太子是什麼官？」

唐玄宗說：「太子就是儲君。朕百歲之後，就傳位給太子。」

安祿山急忙下拜道：「臣愚笨，只知道陛下，不知道太子，臣今當萬死！」唐玄宗因此十分嘉獎他的忠厚誠樸。

當時楊貴妃正是「回眸一笑百媚生，六宮粉黛無顏色」的時候，得到唐玄宗的垂幸。安祿山就主動請求當楊貴妃的養子，每次朝見，安祿山都是先拜楊貴妃，然後再拜唐玄宗。

唐玄宗不解，問他原因，安祿山就說：「我們胡人的習俗都是先母後父的。」於是「玄宗大悅，祿山恩寵更深」。

安祿山晚年身體越加肥胖，肚子都幾乎垂過了膝蓋。每次朝見，唐玄宗就跟他開玩笑說：「朕剛才看到你的肚子都垂到地上了。」

當安祿山回范陽的時候，唐玄宗到望春亭為他送別，還脫下自己的衣服賜給安祿山。結果「祿山受之，驚懼不敢言」。

安祿山就是用僞裝厚道的方法使唐玄宗對他深信不疑，因而有人在唐玄宗的面前說安祿山有造反野心的時候，唐玄宗還把這些人捆起來交給安祿山。當安祿山眞的造反的消息傳到長安，唐玄宗起初還不相信，認爲這是別人爲了離間他們所散佈的謠言。

安祿山利用「厚道」的外表，取得唐玄宗對他的信任，順利遮掩自己的狼子野心，以達到最終目的。

當然，安祿山的厚道是徹底的假面具。眞正的厚道，應該是發自於內心的。一個厚道的人，往往會令身邊的人覺得十分可靠並有安全感，如此一來你的朋友就會漸漸增多，人際關係也會更加融洽。

表現得遲鈍木訥，往往更有所得

木訥的人常被自以為聰明的人視作糊裡糊塗的呆子，一旦展現自己的真本事，便會令那些自以為是的人大吃一驚。

我們常常把那些反應遲鈍的人稱作「呆若木雞」，其實「呆若木雞」在它的原始出處之中反而是一個褒義詞呢。

《莊子．達生》中就講了這樣一個故事。

有一個叫紀渻子的人以養雞著名，專門為齊王養鬥雞。過了十天齊王派人來問：「鬥雞已經訓練好了嗎？」

紀渻子回答說：「還沒有呢，現在鬥雞還表現得色厲內荏、一副盛氣凌人的樣子。」

十天後又來問，回答說：「還沒有呢，只要聽到別的雞的聲音、看到別的雞的影子還是會激動。」

十天後又問，回答說：「還沒有呢，現在仍然目光兇惡而充滿怒氣。」

十天後齊王再派人來問，紀渻子回答說：「已經差不多了，別的雞雖然鳴叫挑戰，牠也沒有什麼反應，看上去像個木雞一般，牠的精神境界已經臻於完美了。沒有一隻雞敢與牠應戰。」

由此看來，「木雞」最初是被用來形容一種冷靜、鎮定、絕不慌亂的精神境界，而這種境界，正是古代許多哲人所追求的。

他們認爲「泰山崩於前而不變色」，或者是「美女坐於懷而不亂」，只有這樣的人才能夠「雖千萬人，吾往矣」。

這種木訥可不是簡單的「反應遲鈍」，而是雖然心裡明白，可是表面上卻

跟沒有反應一樣，實際上他比誰都精明。如果你認爲一個看起來木訥的人是個白癡，那你可就太小看他了。

有些人表面上木訥，實際上是將智慧藏在心裡，不輕易表露出來。當需要用智慧獲取利益的時候，他們就不再藏拙保留了。

木訥的人常常被自以爲聰明的人視作糊裡糊塗的呆子，其實，木訥的人的智慧，通常不是靠平日的言語表現出來的，一旦展現自己的眞本事，便會令那些自以爲是的人大吃一驚。

裝瘋賣傻是有效的避禍方法

面臨殺身之禍的時候裝瘋賣傻，忍人所不能忍，才能在日後得到報仇的機會。這種決心和毅力，很值得後人省思。

如果說謙虛、含蓄、厚道和木訥都是以內斂的「陰」的方式來呈現處世的藝術，那麼「癡」與「狂」則是以外顯的「陽」的方式來展現智慧。

所謂「癡」指的是由於對某個事物或者某種境界過於專注，導致在其他方面顯得呆呆傻傻的狀態。所謂的「狂」則是近似於精神失常，是一種瘋癲、放蕩的狀態。由於人們都把癡人和狂人視作非正常的人，所以利用「癡」與「狂」來僞裝自己，也是一種常用的法門。

《列子》一書是戰國人列禦寇所作，裡面記載了許多有趣的故事，其中有一則故事是「九方皋相馬」。

秦穆公對相馬的大宗師伯樂說：「你的年紀也大了，你的兒孫輩當中有沒有人繼承了你的本領，可以幫我尋找千里馬呢？」

伯樂回答說：「良馬可以從牠的形貌和筋骨上加以考察，但是天下最好的馬，評判的方法卻似有若無，很難準確判斷。這種馬奔跑起來不揚起灰塵，跑過之後不留下足跡。我的兒孫們都是一些凡庸之輩，他們可以找到一般的好馬，卻辨別不出天下最優良的馬。不過，我有一個曾經共同打柴挑菜的夥伴，叫九方皋，這個人的本領不在我之下，希望大王您能召見他。」

秦穆公就召見了九方皋，並且讓九方皋去尋找天下最優良的馬。九方皋去了三個月，然後回來報告說：「我已經找到了，在沙丘那裡呢。」

秦穆公就問他：「那是一匹什麼樣的馬呢？」

九方皋說：「是一匹黃色的母馬。」

秦穆公就派人去買馬，結果買回來一看，卻是一匹黑色的公馬。秦穆公不高興了，便把伯樂找來，對他說：「真是太差勁了，你推薦的九方皋真是一個白癡，你說他能找來天下無雙的馬，結果他連馬的公母、毛色都分辨不清，哪裡還能識別馬的好壞呢？」

伯樂長歎一聲說：「難道他真的達到了這樣的境界嗎？這就是他勝過我千萬倍的地方啊，恐怕沒有人能比得上他了。像九方皋這樣的相馬聖手所看到的，是馬的天賦本質啊。由於他抓住了馬的本質，因而忽略了馬的皮毛形跡。他的癡，是因為他看到他認為應該看到的地方，不去看他認為不需要看到的地方。像九方皋這樣的相馬方法，才真正能找到無雙的好馬啊！」

結果一試這匹馬，果然是一匹天下無雙的千里馬。

和九方皋一樣，許多人看上去癡傻，實際上是因爲他只注意自己應該注意的東西，而忽略了其他方面的常識，這樣的人常常可以成爲某個領域的天才。

著名音樂家莫札特創作出許多流傳世界的千古名曲，但他在社交生活中就彷彿一個傻瓜。常言說「書癡者文必工」，也是這個道理。

與「癡」不同，「狂」作爲一種更爲激烈、更加張揚的行爲狀態，常常應用於非常時期，特別是當危險來臨需要避禍的時候。在這種情況下，用「狂」的形式來裝糊塗，避免受到別人傷害是一種非常有效的方法。

戰國時的孫臏和龐涓都是鬼谷子的學生，兩人一同學習，先後下山。雖然孫臏的本事比龐涓高，但是先行下山的龐涓卻先得到了國君的賞識而成為魏國的將軍，孫臏卻只是一個平民百姓。

這時，龐涓怕孫臏到魏國與自己競爭，於是就派人邀請孫臏到魏國來，假裝要向魏王推薦他。

實際上，龐涓卻在魏王面前誣陷孫臏是齊國的間諜，於是魏王對孫臏處以臏刑（**剜去雙腿膝蓋骨**），又在孫臏的臉上刻字，使他永遠不能當官。

龐涓把孫臏軟禁起來，表面上對孫臏關懷備至，說自己也沒有想到魏王會這麼做，又說：「你既然已經不能當官，滿腹才華得不到施展，實在是太可惜了，不如把你的兵法寫出來給我吧。」

龐涓讓孫臏用竹簡刻寫兵法，準備在得到兵法之後再把他殺死。

可是，龐涓的一個僮僕把他的險惡用心告訴了孫臏。孫臏知道以後，決定用裝瘋的方法脫身。當天晚上，孫臏又哭又笑、唾沫橫流、破口大罵、語無倫次，又把抄好的竹簡扔到火裡焚燒。

龐涓懷疑孫臏是在裝瘋賣傻，於是就派人把他拖到豬圈裡。孫臏披頭散髮地在豬糞中爬行，似乎那裡是溫暖的池塘。

龐涓又派人送去酒飯，欺騙他說：「這是我們瞞著將軍偷偷給你的。」可是孫臏怒目大罵，把食物全都倒在地上。

龐涓又讓人拿來糞便和泥土，孫臏反而大口大口地吃了起來。龐涓此時相信孫臏是真的發瘋了，就對他不再嚴加監視。

後來，齊國的一位大臣到魏國出使，孫臏偷偷見到了他，並說服他帶自己逃走。齊國的使臣就把孫臏藏在車裡帶回了齊國。數年後，已經成為齊國軍師的孫臏利用「圍魏救趙」的計策在桂陵擊敗龐涓，又用「減灶誘敵」的計策在馬陵迫使龐涓自殺，終於報了他迫害自己的仇。

孫臏在面臨殺身之禍的時候裝瘋賣傻，忍人所不能忍，才能在日後得到報仇的機會。這種決心和毅力，很值得後人省思。

在某些不理想、不太平的世道裡，其實也有許多人都像孫臏一樣，利用佯裝發狂的方式遁世避禍。

例如，春秋時，楚國有一位賢人名爲陸接輿，由於當時政治混亂、社會動盪，爲了避免遭受到不測之災，他就假裝發狂，每天表現得瘋瘋癲癲，不是唱歌跳舞就是胡言亂語。

難道他是眞的瘋了嗎？

其實，他心裡比誰都清楚，所以他才會在遇見孔子的時候，高唱那首：「鳳兮，鳳兮，何德之衰？往者不可諫，來者猶可追。」透過這樣的諷諫之曲，勸孔子不要太執著於做那種「知其不可而爲之」的傻事了。

待人接物有時得馬馬虎虎

馬馬虎虎的「差不多精神」，如果因地制宜地運用在待人接物上，難道不是一種合適的方法嗎？馬虎的精神，要看人們如何運用。

既然謙虛、含蓄、厚道和木訥是「陰」，癡狂是「陽」，那麼睜一隻眼閉一隻眼的「馬虎」是什麼？是非陰非陽，亦陰亦陽，陰陽調和是爲太極。馬虎，可謂是圓融處世的精髓。

所謂馬虎，就是對一件事情不要那麼認眞，管它是馬也好，是虎也好，只要馬不踢人，虎不吃人，是馬是虎都無所謂。

馬虎的精神應用到與人交往上，是要「和其光，同其塵」，不要對身邊的人太過於苛求；應用到事情的處理上，是要避免走極端，不對事情太過於認眞。

國學大師胡適先生曾寫過一篇著名的短文叫做〈差不多先生傳〉，用略帶諷刺的筆觸，刻畫了一個實際上並不存在，但卻無時無刻出現在我們身邊的「差不多先生」。文中寫道：

差不多先生的相貌和你我都差不多。他有一雙眼睛，但看得不很清楚；有兩隻耳朵，但聽得不很分明；有鼻子和嘴，但他對於氣味和口味都不很講究；他的腦子也不小，但他的記性卻不很精明，他的思想也不很細密。

他常常說：「凡事只要差不多就好了。何必太精明呢？」

他小的時候，他媽叫他去買紅糖，他買了白糖回來，他媽罵他，他搖搖頭道：「紅糖白糖不是差不多嗎？」

他在學堂的時候，先生問他：「直隸省的西邊是哪一省？」他說是陝西。先生說：「錯了。是山西，不是陝西。」他說：「陝西同山西不是差不多嗎？」

後來他在一個店鋪裡做夥計，他也會寫，也會算，只是總不精細，十字常常寫成千字，千字常常寫成十字。掌櫃的生氣了，常常罵他，他只是笑嘻嘻地賠不是道：「千字比十字只多一小撇，不是差不多嗎？」

有一天，他為了一件要緊的事，要搭火車到上海去。他從從容容地走到火車站，遲了兩分鐘，火車已開走了。他白瞪著眼，望著遠遠的火車上的煤煙，搖搖頭道：「只好明天再走了，今天走同明天走，也還差不多。可是火車公司未免太認真了，八點三十分開與八點三十二分開，不是差不多嗎？」他一面說，一面慢慢地走回家，心裡總不很明白為什麼火車不肯等他兩分鐘。

有一天，他忽然得了急病，趕快叫家人去請東街的汪先生。那家人急急忙忙地跑去，一時尋不著東街汪大夫，卻把西街的牛醫王大夫請來了。差不多先生病在床上，知道尋錯了人，但病急了，身上痛苦，心裡焦急，等不得了，心裡想到：「好在王大夫同汪大夫也差不多，讓他試試看吧。」

於是這位牛醫王大夫走近床前，用醫牛的法子給差不多先生治病。不上一點鐘，差不多先生就一命嗚呼了。

差不多先生差不多要死的時候，一口氣斷斷續續地說道：「活人同死人也

差……差……差……不多……凡是只要……差……差……不多……就……好了……何……何……必……太……太認真呢？」他說完這句格言，方絕了氣。

他死後，大家都很稱讚差不多先生樣樣事情看得破、想得通，大家都說他一生不肯認真，不肯算帳，不肯計較，真是一位有德行的人，於是大家給他取個死後的法號，叫他做圓通大師。

胡適先生的用意在於諷刺，所以他採用的都是反面的事例。可是，我們反過來一想，這種馬馬虎虎的「差不多精神」，如果因地制宜地運用在待人接物上，難道不是一種合適的方法嗎？

一雙眼看不清楚，是因爲太清楚的世界過於冰冷；兩隻耳朵聽不分明，是因爲有些話還是不入耳的好；鼻子和嘴對氣味不大講究，所以品嚐的經常都是美食；記性不很精明，那就忘掉那些不愉快的往事。

得其大道，就忽略那些細枝末節。馬虎的精神，要看人們如何運用。畢竟，又有幾個人會眞的把汪大夫當成牛醫王大夫呢？

懂得忍耐，成功指日可待

「忍」不僅僅是等待時機、以圖將來的防守武器，也是人際關係的潤滑劑。加以忍讓，會讓你在平靜安逸的同時，獲得良好的人際關係。

人生不如意事十之八九，人生總是會遇到各式各樣的困難、挫折和危險。當你不幸遇到了其中的一種狀況時，你會選擇如何面對呢？

一般人的選擇有兩種，奮起反擊和隱忍等待。

反擊是一種充滿了血性和快意的舉動，但是如果對手的力量十分強大，你根本無法取勝呢？

此時，就要冷靜下來，暫時加以忍耐，直到身邊的環境對你有利，雙方的

力量足以相互抗衡時，才可以加以反擊。

生存在這個波譎雲詭、反覆無常的大千世界裡，善於「忍」才能夠乘時變化、無往不利。

明人洪應明在他的處世名著《菜根譚》中說：「『登山耐側路，踏雪耐危橋。』一耐字極有意味。如傾險之人情，坎坷之世道，若不得一耐字撐過去。幾何不墮入榛莽坑塹哉。」

所謂「耐」，實際上就是忍，當你面臨對你極爲不利的「側路」、「危橋」時，小心翼翼地加以忍耐，而不是無所顧忌地大步前進，這樣才能夠順利通過危險的道路、橋樑，抵達你的目的地。

歷史上由於深知忍耐的重要並身體力行而成就大事的人物很多，如韓信忍受胯下之辱最終成爲了名震天下的諸侯；越王勾踐臥薪嚐膽，「十年生聚，十年教訓」，最終滅掉吳國；少年康熙忍受權臣鰲拜的飛揚跋扈，最終將其翦滅等等，無一不是對「忍」這一千古眞理的絕妙詮釋。

至於身處逆境卻不懂得忍耐的漢少帝，則成為了一個反面的例子。

漢高祖劉邦去世以後，呂后專權，掌握了漢朝的天下。呂后是一個十分善妒的女人，把當年劉邦寵愛的嬪妃全部殺死，聲稱是為了陪葬。而劉邦最為寵愛的戚夫人，則被她砍掉手腳、燻瞎眼睛、灌下啞藥、塞進一個罈子裡放在廁所之中，稱作「人彘」，由此可見呂后的殘忍狠毒。

此時的傀儡皇帝漢少帝根本就不是呂后的親生孫子，而是當初強行奪走一個宮女的兒子，並且還將這個宮女滅口。

但是紙終究包不住火，隨著漢少帝年齡漸長，逐漸知道了自己的身世，於是憤怒地說：「太后怎麼能殺死我的母親而把我當作傀儡！我成長強盛之後，一定要發動政變！」

他雖然有這個志向，但是不應該不加忍耐地脫口而出。

這個消息傳到呂后的耳中，她便把漢少帝關在永巷裡面，對外宣稱皇帝得了病，神志混亂，最後將他廢掉並殺死。由於漢少帝沒有忍一時之氣，因此只

能空有報仇之心而沒有報仇的機會了。

宋代大文豪蘇東坡在他的名篇〈留侯論〉一開始即提到：「古之所謂豪傑之士者，必有過人之節。人情有所不能忍者，匹夫見辱，拔劍而起，挺身而鬥，此不足為勇也。天下有大勇者，卒然臨之而不驚，無故加之而不怒，此其所挾持者甚大，而其志甚遠也。」

在面臨侮辱、危難的時候，若是倚仗匹夫之勇逞一時之氣，就會像漢少帝那樣不僅報仇不成反而身遭橫死。

眞正有勇氣的人，不會因無故加於自身的侮辱、危難而憤怒，這是因爲他們擁有更爲高遠的志向、懷有更爲博大的胸襟。

張良如果在遇到圯上老人要他替自己撿鞋、穿鞋的時候，無法忍耐地罵一聲：「老東西，你以爲你誰啊！」或者扭頭不加理睬，那他也許就不會收到老人送給他的《黃石公書》了。

蘇東坡指出，圯上老人認爲「子房才有餘，而憂其度量之不足，故深折其少年剛銳之氣，使之忍小忿而就大謀」。「忍小忿而就大謀」，正是一個成功者所應該具備的素質之一。

蘇東坡又用楚漢相爭的劉邦、項羽做例子進一步闡明這個道理：「觀夫高祖之所以勝，而項籍之所以敗者，在能忍與不能忍之間而已矣。項籍惟不能忍，是以百戰百勝，而輕用其鋒；高祖忍之，養其全鋒，以待其弊，此子房教之也。」

所以，「忍」實在是一種韜光養晦、養其全鋒、圖謀將來的不二良策。

「忍」不僅僅是等待時機、以圖將來的防守武器，也是人際關係的潤滑劑。人與人之間難免會有分歧、摩擦、爭吵，如果一味爭強好勝、睚眥必報，那麼生活中就會有數不清的煩惱和紛爭。

所以，本著「忍一時風平浪靜，退一步海闊天空」的態度加以忍讓，會讓你在平靜安逸的同時，獲得良好的人際關係。

《菜根譚》說：「處世讓一步為高，退步即進步的張本」、「路窄處，留一步讓人行；滋味濃的，減三分讓人食。此是涉世一極安樂法。」

看得出來，作者洪應明是從明哲保身、全身遠禍的角度談忍讓的必要性的。一個人設身處世，若是只一味爭奪，不知退讓，就會像「飛蛾投燭，羝羊觸藩」一樣走上絕路。

清朝的張英是安徽桐城人，康熙年間曾經擔任文華殿大學士兼禮部尚書。有一次，他安徽的老家準備擴建住宅，正巧他家的鄰居也要擴建，兩家因為地基問題發生了爭吵，最後幾乎鬧到對簿公堂。

張英的母親寫信給他，想借他的地位壓服鄰居。張英看完信後沉吟良久，提筆寫了一首詩：

「千里家書只為牆，再讓三尺又何妨。萬里長城今猶在，不見當年秦始皇。」

張英的母親見信後，覺得兒子的言之有理，於是就主動將院牆後讓三尺。鄰居很是感動，於是也將院牆後讓三尺。如此一來，兩家院牆之間形成一條六尺寬的巷道，人稱「六尺巷」，一時傳為美談。

張英不以權勢壓人，採用忍讓的態度解決兩家矛盾，結果收得良好的效果。這種忍讓是值得提倡的。

家庭之中、同事之間、鄰里之間，以及公共場所中，人們常常因一些小事發生衝突矛盾，但這些衝突之所以會擴大，許多情況都是因爲當事者雙方互不相讓所造成的。

若有一方能採取忍讓的態度，以「再讓三尺又何妨」的心態來面對爭端，就可以化解矛盾，爲緊張的人際關係帶來祥和的氣氛。

對於那些身居高位、治理一方的領導者而言，忍讓更是一個必須具備的人格特質。小不忍則亂大謀，若是爭強好勝、意氣用事，往往會危害集體的利益，甚至影響擴及社會和國家。

當藺相如受到廉頗的羞辱時，如果他並未顧全趙國的利益甘願退讓，而是不甘受辱針鋒相對，那麼雙方只會越鬧越僵甚至刀劍相向。他採取的退讓態度最終使廉頗受到感動，才有「將相和」，共同保衛趙國數十年的美談。

當然，所謂的忍讓絕非徹底退縮，它也必須要謹守底線、講求原則，爲了合乎原則必須要有當仁不讓的精神。

孔子說：「當仁不讓於師。」意思是說，凡是符合「仁」這個道德原則的事情，甚至連老師也不必謙讓，而要勇往直前，率先而爲。

《菜根譚》裡還說過一句話：「讓，懿德也，過則為足恭，為曲禮，多出機心。」是說忍讓雖然是美好的品德，但是如果過分忍讓，就顯得有些虛情假意了，這種忍讓往往是懷有不可告人的目的，需要加以警惕。

也許有人會問：「人生若一味地忍讓，那還又什麼樂趣可言呢？」

我們當然要明白自己爲什麼要「忍氣吞聲」。常言道：「十年河東，十年河西」、「風水輪流轉，明年到我家」，也就是相信目前雖然處於違逆的環境中，但是終究會有峰迴路轉的一天，並以此不斷地提醒自己忍受現在的痛苦，靜待時來運轉。

這種對前途抱著樂觀的希望，使得所有的忍耐都有了價值。

相對的，世界上絕沒有十全十美的事，在極盛時就有衰敗的徵兆，正如花開滿庭時便註定落花飄零的情景，誰也不能擔保哪一天會失去曾經擁有的一切。所以在幸福快樂的時候也應當謹慎小心，絕不鬆懈，在安樂時要居安思危，在困難來臨時要糊塗一些，懂得忍耐等待，這樣才能夠獲得最終的成功。

04

將心比心，才能收買人心

人必須具有寬容的胸襟，

不要因為一些小事而斤斤計較，

必要時記得做人做事的藝術，有所忍讓，

便能泯滅許多不必要的爭執和拚戰。

經驗的智慧無比珍貴

即使有了許多的知識，仍然需要一些經歷了時間與真實生活考驗的「智慧」，方能指引我們、幫助我們，找出最正確的方向。

德國哲學家赫姆霍茲說過：「當登上了最後頂峰，你將會羞愧地發現，正因為當初欠缺找到正確道路的眼光與智慧，錯失了那條直達終點的陽關大道。」

如果沒有足以讓我們清晰明白看見前路的「智慧」指引，得要繞多少的冤枉路才能到達目的地？又有多少人會因爲這樣，在還沒有到達終點之前，就已經宣佈棄權了呢？

除了決心，還要求取智慧，這智慧必須從生活中來、從經驗中來，否則，想要追求成功，無異於大海撈針。

河北滄州南方，有一座臨河而建的寺廟，某年當地發生地震，山門倒塌在河裡，連門口的兩隻石獸都一同下沉到河中。

過了十多年，和尚們籌集了一些錢，準備重修山門，便派人到廟門口的河中打撈石獸，可是撈了大半天也沒有收穫。眾人心想，石獸一定是順流被沖到下游去了，打撈隊伍便駕駛著幾條小船，拖著鐵耙沿途搜尋，可是走了十多里，還是不見石獸蹤影。

有個在廟中開館授課的教書匠，聽說和尚們到河中打撈石獸這件事，便笑道：「你們太沒腦子了。這石獸又非木片，難道還能被暴漲的河水沖走不成？石頭的質地堅硬沉重，而河中沙性鬆浮，石獸淹沒在沙地裡，自然會越陷越深，沿河往下找，豈不可笑！」

人們聽了，都覺得十分有道理，紛紛心服口服的說：「先生這話說得有理！」連忙分頭準備挖泥土的鐵鏟。

第二天一大早，一批年輕力壯的小伙子就拿著工具，下河去挖石獸。河水很深，即使水性再好的人也很難待上太久，挖不了多久就得換人接手，就這樣一批又一批，挖了許久還是不見石獸的影子。

這時一個老河兵經過，看到這麼多人都圍在寺廟前，一打聽才知道是在挖石獸，哈哈大笑的說：「大凡掉到河裡的石頭，都要到上游去尋找。」

人們一聽，都認為老河兵是傻子，嘲笑道：「石頭那麼沉，怎麼會跑到上游？你不要在這裡胡說八道了，快走吧！」

老河兵並不生氣，不急不徐地解釋：「石頭的質地堅硬沉重，而沙性鬆浮，河水沖不動石頭。」

「這道理我們也知道，既然這樣，石獸就一定在寺廟附近了，不是嗎？」

老河兵搖搖頭，分析說：「雖然河水沖不動石頭，但是它的反作用力一定會在石頭迎水一面的沙土中沖出一個陷坑，越沖越深，最後讓石頭翻過來落在陷坑裡。接著，河水又再次把沙沖成陷坑，石頭又再次翻轉過來，如此翻轉不停，反而緩緩地逆流而上。到河的下游去找石頭固然可笑，在河底挖坑去找，一樣聰明不到哪裡去。」

眾人按照老河兵的話去做，果真就在上游不遠處找到了石獸。

要不是有老河兵的經驗分享，這些人恐怕找上十年，都還找不到石獸呢！

智慧常常是生活經驗的累積，它不只是書本上的死知識，而是足以指引我們的明燈。也因此，才會常常有人這樣說：「把觀察與經驗和諧地應用在生活上，就是智慧。」

和尚與教書匠，讀過的書可會少？但他們在遇事的判斷上，卻遠遠不及老河兵準確。即使在腦中已經有了許多知識，仍然需要一些經歷了時間與真實生活考驗所累積的「智慧」，方能指引我們、幫助我們，找出最正確的方向。

要懂得適時放對方一馬

偶爾糊塗一些，不事事「明察秋毫」、斤斤計較，適度寬容他人，不僅使他人得益，對自己更是有百利而無一害。

老子說：「江海之所以能為百谷王者，以其善下之，故能為百谷王。」

意思是說，長江、大海之所以能夠波瀾壯闊、博大宏深，正是因爲它們不拒細流、善於容納的緣故。

世界上的人千差萬別，甚至同一個人在他生命的不同階段也不盡相同。如果我們對身邊的人總是嚴厲刻薄，那麼就會失去朋友，使人際關係面臨危機。

所以，當你所交往的人犯了錯誤或者做了什麼對不起你的事，只要不是什麼大事，不妨一笑置之，寬容以對，有時會有意想不到的收穫。

春秋時，楚莊王有一次大宴群臣。正當大家酒興正高昂，忽然一陣風來，吹熄了火燭，廳裡登時一片漆黑。此時，楚莊王身旁的一位愛妾突然覺得有人往自己的身上「吃豆腐」，於是她順手一抓，把這個人的帽纓扯了下來。

這名愛妾把這件事告訴楚莊王，並且要求點亮火燭，看看到底是哪個大膽的淫賊失掉了帽纓子。

想不到，楚莊王立刻說：「今天大家和我一起喝酒，凡是覺得喝得痛快的都摘掉自己的帽纓子！」

於是黑暗中一片窸窣之聲，百來人都把自己的帽纓子摘了下來。此時火燭重新點亮，再也看不出是誰佔了愛妾的便宜。

兩年以後，楚國與晉國發生了戰爭，楚軍敗退，楚莊王也被圍困。危急之時有一個將軍五次衝入晉軍的陣營，拼死保衛楚莊王的安全。

事後，楚莊王問他：「寡人恩德淺薄，對你又沒有特別的恩惠，你為什麼這麼奮不顧身地保護我？」

那個將軍回答：「我原本應該被判處死罪，是大王您遮掩了我當時犯下的罪行讓我活了下來，我不能把大王的恩德放在心裡不加報答啊！大王，我就是那個晚上被您的愛妾扯下帽纓的人！」

楚莊王心胸寬廣，用巧妙的方式寬容了那個將軍的過錯，而且保全了他的面子，所以才會有後來那人的知恩圖報。

戰國時期，齊國孟嘗君廣招天下俊才之士，馮諼來到孟嘗君的府中當了食客。可是他一直沒有做什麼顯眼的事，所以孟嘗君對他並不十分重視。那個時候，孟嘗君的府中有食客三千，每天供應三千人的日常起居實在不是一筆小開銷，於是孟嘗君在自己的封地薛邑大放高利貸，藉此收攬錢財。

有一天，孟嘗君想派人去薛邑收貸款，這時馮諼主動表達去收款的意願，於是孟嘗君就派馮諼前去。

馮諼問：「回來的時候，用收來的貸款買些什麼呢？」

孟嘗君說：「先生您看我的府裡缺少些什麼，就買些什麼好了。」

馮諼到了薛邑，先準備了豐盛的酒肉大擺宴席，邀請所有借了錢的人都前來赴宴。酒酣耳熱之後，馮諼叫人取出借據一一核對，能還得起的人就還，還不起的人就當場把借據燒掉。

他說道：「孟嘗君之所以把錢借給你們，就是希望你們利用這些錢去治理生業。你們有這樣的好主人，怎麼能背負他呢？」所有百姓都歡呼下拜。

馮諼回去以後，孟嘗君問他：「您怎麼這麼快回來？貸款都收了嗎？」

馮諼說：「我臨走的時候，您告訴我買些家裡缺少的東西。依我看，殿下您府裡珠寶堆積、犬馬滿廄、美女成行，實在是不缺什麼東西。所以我把債券都燒了，給你買了些仁義回來。」

孟嘗君有些不悅，心裡暗想：「你把債券都燒了，我這裡三千人還等著吃飯呢！」

一年後，齊王由於害怕孟嘗君的名聲實在太高，就罷免了他的官職。孟嘗君不得不離開國都，回他的封地薛邑。結果距離封地還有百里，薛邑的百姓們就扶老攜幼夾道迎接孟嘗君。

孟嘗君於是感歎地說：「馮諼為我買的仁義，我到今天才看到啊！」

馮諼替孟嘗君寬容了那些無法償還債務的人，結果爲他贏得了名譽，也鞏固了孟嘗君的根據地。

也許是受到了馮諼燒掉債券的啓發，當曹操在官渡之戰結束之後攻入冀州，繳獲的戰利品之中，有大量自己的部下與袁紹通信示好的信件。有人勸曹操按照信件上名字逮捕這些有通敵嫌疑的人。

曹操卻一把火將這些信件都燒了個精光，並且說：「在敵強我弱的時候，我自己尚不能自保，何況我手下的這些人呢？」

顯然，曹操深知在這種情況下寬容他們比窮究到底對自己更加有利。

偶爾糊塗一些，不事事「明察秋毫」、斤斤計較，適度寬容他人，不僅使他人得益，對自己更是有百利而無一害。

不精明算計，才能知足常樂

人一旦不知足，有了對功名利祿的癡迷，就不能夠冷靜地看待自己和事情的發展，將很容易迷失了自己的本性。

老子說：「禍莫大於不知足，咎莫大於欲得。故知足之足，常足矣。」

知足常樂的道理我們都明白，可是芸芸眾生中又有多少人真正能做到呢？許多人在面對錢財、美色的誘惑時，明明知道「莫伸手，伸手必被捉」，但還是抱著僥倖的心理，難耐貪婪的欲望而伸出手去。

人一旦不知足，有了對功名利祿的癡迷，就不能夠冷靜地看待自己和事情的發展，將很容易迷失了自己的本性。

有一天，莊子到雕陵的栗園裡遊玩，當他走近籬笆的時候，忽然看見一隻怪異的大鳥從南方飛來，翅膀足有七尺寬，眼珠的直徑也有一寸長，可是卻擦過莊子的額角飛往栗樹林棲息。

莊子說：「這到底是什麼鳥呀！翅膀這麼大卻不能夠飛遠，眼睛這麼大卻目光遲鈍。」於是就提起衣裳快步走過去，拿起彈弓窺伺牠的動靜。

這時忽然看見一隻蟬正停在樹上暢飲樹幹的汁液，在汁液的甜美和樹葉蔭蔽的清涼下，根本沒有注意到附近的危險。在此同時，有隻螳螂正巧妙地借著樹葉的掩蔽，伸出長臂來一舉捕住了這隻蟬。

當螳螂享受著到手的美餐的時候，因為得意忘形而暴露了自己的形跡。恰巧那隻怪異的大鳥趁著螳螂捕蟬的時候，當空撲下攫取了螳螂。

怪鳥只顧眼前獵物，為了抓捕螳螂，也忘記了自身的危險，沒有發覺莊子在一旁正拿著彈弓窺視著牠。

這種情景讓莊子見了不覺心驚，警惕著自言自語道：「唉！世間萬物都只有想到眼前的利益，忘記背後隱藏的禍害，當你想從別人身上得到好處時，別人也正想從你身上得利，兩者是相對的啊！」

想到這裡，莊子連忙扔下彈弓，回頭就跑。恰在此時，看守果園的人以為他偷了栗子，於是便追逐痛罵他。

由這個故事可以引申出一個結論：當人癡迷地專注於謀取利益的時候，就會忘記了自身的危險，很可能就會招引別人來謀害自己。莊子把這種追求欲念而迷失本性，永不知足的狀況形容爲「觀於濁水而迷於清淵」。

貪婪實在是困擾人類的一大禍患，所以基督教把「貪婪」定爲「七原罪」之一，佛教也稱「貪、瞋、癡」爲三毒，貪婪又是這三毒的根源。

按照佛教的說法，所有的生命都要進入生生不息的「六道輪迴」之中。六道裡的「地獄道」、「畜生道」、「餓鬼道」都是爲貪婪的人所準備的。

生前貪婪不止的人，死後成爲餓鬼，「腹大如鼓」，飢餓難耐，可是卻「喉細入髮」，根本嚥不下任何東西。更糟糕的是，當所有的飯菜一到餓鬼的嘴邊，就化成火炭，讓無法碰觸。

如果還是冥頑不靈，就轉到「畜生道」去做牛做馬，如果仍是不知悔改，就只好到「地獄道」之中「打入十八層地獄，永世不得超生」了。

柳宗元寫有一篇著名的寓言〈蝜蝂傳〉，文中描寫了一種叫做「蝜蝂」的小蟲。這種小蟲子天生有個習性，就是特別愛背東西。凡是爬行時遇到的東西，不論是樹枝、土塊、小石頭，總是抓取過來，背著這些東西前行。東西越背越重，即使非常勞累也不停止。

而且由於牠的背很不光滑，所以東西堆上去並不會散落，最後終於被背上的重量壓倒爬不起來。

有的人可憐牠，替牠移掉背上的東西。可是當蝜蝂又開始能夠爬行，牠又像之前一樣抓取東西背上。這種小蟲又喜歡往高處爬，用盡了力氣也不肯停下來，以致最終跌倒摔死在地上。

柳宗元用蝜蝂這種小蟲來比喻塵世中貪婪不止的人，認爲這些人雖然身軀龐大，但智力卻和小蟲子一般，即使看到許多以前由於極力求官貪財而自取滅亡的人也不知接受教訓。

當你爲了個人的私欲而勞累辛苦，感到心力交瘁的時候，不妨想一想莊子和柳宗元的寓言故事，然後問一問自己：「爲什麼我不知足？」「我現在的生活狀況是否已經可以滿意？」

如果你已經知道這兩個問題的答案，那麼當你再次工作奮鬥的時候，就有了心靈的寄託和依靠。

老子告訴我們：「知足不辱，知止不殆，可以長久。」

只有知足才不會感到屈辱，只有知道適可而止，才不會走向極端，這兩種方式可以保證生命與事業更加長久。

功成身退才是最高智慧

因為不去炫耀，所以功績不會泯滅。能夠忘卻自己的功業，對功名利祿看淡一點，才能平安順遂、怡然自得過一生。

不爭也好，知足也罷，都是在面對自己還沒有佔有的東西時應持有的心態，而捨得則是割捨自己已經佔有的東西。割除一個膿瘡尚且通徹心肺，更何況捨掉自己曾經努力爭取的東西呢？所以諸般智慧之中，屬捨得最難。

有人說：「人生在世，不索何獲？」爲什麼一定要捨呢？

一個人的事業達到頂峰的時候，就應該注意「捨」了。因爲到了山頂如果再前進，只能是走下坡。

因此，老子會說：「持而盈之，不如其已；揣而銳之，不可長保。金玉滿堂，莫之能守。富貴而驕，自遺其咎。功遂身退，天之道也。」

這句話的意思就是：既然水碗將要盛滿，不如停止下來；打煉金屬使它銳利，越是銳利卻越難長久。金玉滿堂，沒有人能永遠佔有；富貴而驕，只會給自己招來災禍。功成身退，才是合於自然規律啊。

古往今來，許多風雲人物在建功立業之後，對權力、地位毫不留戀，瀟灑地從是非的漩渦中抽身，爲後人留下了功成而弗居的傳奇。

漢初三傑之一的張良，幫助漢高祖劉邦打敗項羽獲得了天下之後，劉邦準備重重的封賞於他，要他在齊地挑選三萬戶的土地作為封地。

然而張良卻說：「當年臣與陛下第一次相會，是在留縣這個地方，這是上天的命運安排吧。陛下採用臣的計策，很幸運經常能夠奏效，所以臣希望把留縣封給我就夠了，不敢要三萬戶。」

於是，劉邦就封張良為「留侯」。

幾年以後，劉邦對當初跟他一起打天下的功臣們越來越猜忌，此時張良對劉邦說：「臣的家族曾世代在韓國為官，當年秦國將韓國消滅，臣之所以參加反秦，只不過是為了替韓國報仇。現在臣以三寸不爛之舌，能夠封萬戶、位列侯，這已經是布衣百姓的極高榮耀，對我來說已經足夠了。我願意拋棄人間的瑣事，跟隨那仙人赤松子一起去遨遊。」

此後，張良便不問政事，一心修道學仙。

韓信、英布、彭越等功臣一個個被劉邦和呂后殺死，甚至老成持重的蕭何也曾經被關進監獄，獨有張良得以安然度過餘生。

春秋時期，吳越爭霸，越王勾踐在范蠡、文種的輔佐下「十年生聚，十年教訓」，最終滅掉吳國，殺死了吳王夫差。

勾踐大封功臣，封范蠡為「上將軍」。但是，范蠡認為盛名之下難以長久，於是對越王勾踐說：「我聽說君主憂愁，臣下就應該效勞；君主受辱，臣下就應該效死。當年您在會稽受辱，我之所以沒有效死，是為了報仇雪恨。如今既已經雪恥，我請求您給予我當初受辱的死罪。」

越王勾踐說：「你這是說什麼話，我正要和你平分越國呢。」

范蠡說：「君主可以執行他的命令，但臣子卻可仍然依從自己的意志。」於是，范蠡離開越國飄然遠去。

不久之後他從齊國捎了一封信給文種，上面寫道：「飛鳥盡，良弓藏；狡兔死，走狗烹。越王此人長頸鳥喙，只可以共患難，卻不可以共富貴，你為何不速速離去？」

文種看過信後，卻並沒有離開越國。

不久，有人誣陷文種將要作亂，越王勾踐就賞賜給文種一把劍說：「你曾經教給寡人攻伐吳國的七條計策，現在我只採用了其中三條就打敗了吳國，剩下的四條還在你那裡，你就替我到先王面前嘗試一下吧！」

於是，文種自殺身亡。

那麼，功成身退的范蠡怎樣了呢？

范蠡到了齊國以後，改名換姓，和他的兒子們一起在海邊耕作，不久就積累財產達到幾十萬。齊國人聽說他賢良，想聘請他擔任國相。范蠡喟然長歎說：「居家則累致千金，居官則位致卿相，這都是布衣百姓的極點啊，久受尊名則不祥。」於是將相印歸還，把萬貫錢財分給他的朋友和鄰居，攜帶著剩餘的珠寶悄悄離去，來到了陶（今山東定陶）這個地方。

由於陶地處於交通要衝，在此從商可以獲得豐厚的利潤。所以范蠡和兒子們在陶地經營了數年，再次成為巨富之家，世人都稱他為陶朱公。范蠡最後得享天年，可以謂之「捨得」。

再拿明朝的開國功臣們來說吧，當初都和朱元彰稱兄道弟，結果下場如何呢？除了徐達、常遇春因爲得病早死以外，李善長、胡惟庸、藍玉都因爲謀反的罪名而被滅族，劉伯溫、李文忠都不明不白地中毒而死，宋濂也因爲牽連胡惟庸的案子差點被處死，由於皇后、太子的求情才被免死軟禁，但也於隔年就死了。

只有湯和明瞭「兔死狗烹」的道理，找了個機會從容地對朱元彰說：「臣的年齡也大了，已經不堪陛下的驅策重用，願意早日得歸故鄉，營造可以容納棺材的墓穴，以承接我這把老骨頭。」

結果朱元彰「大悅」，立即賞賜湯和錢財，並爲他建造府第。《明史》上說，當時公侯由於連坐伏法，「稀得免者，而湯和獨享壽考，以功名終」。湯和「識時務者爲俊傑」，也可以謂之「捨得」。

老子說：「為而弗恃，功成而弗居。夫唯弗居，是以不去。」不論做什麼事情，用心去做卻不以此作爲倚恃，功成業就卻並不因此而炫耀自己的功勞，正是因爲不去炫耀，所以功績不會泯滅。

能夠忘卻自己的功業，捨棄一切擁有過的物質享受，對功名利祿看淡一點，才能平安順遂、怡然自得過一生。

將心比心，才能收買人心

人必須具有寬容的胸襟，不要因為一些小事而斤斤計較，必要時記得做人做事的藝術，有所忍讓，便能泯滅許多不必要的爭執和拚戰。

隋朝時，有個大臣名爲牛弘，好學博聞，性情十分隨和寬簡。隋煬帝很器重他，曾允許他與皇后同席吃飯，這在當時是了不起的禮遇，但牛弘依然車服卑儉，對人寬厚謙讓。

他不但官場上關係處理得好，家庭關係也十分和睦。在他的家中發生的一件事，可以說明他的爲人。

牛弘有個弟弟叫牛弼，經常酗酒鬧事。有一次牛弼喝多了酒，發起酒瘋，便將牛弘駕車的牛射死了。

牛弘回到家後，他的妻子立刻迎上前，對他說道：「小叔喝醉了耍酒瘋，將牛射死了。」

牛弘聽了什麼也沒問，只是說將牛肉做成肉脯便罷。

他的妻子做完之後又提殺牛一事，牛弘卻說：「剩下的煮湯。」

過一會兒他妻子又嘮叨殺牛的事，這時牛弘才說道：「我已經知道了。」一點也沒有生氣的樣子，臉色像平時一樣溫和，甚至連頭也沒抬繼續看書。

妻子見丈夫這樣大度，感到十分慚愧，從此以後不敢再提牛弼殺牛的事。因此，牛家門內一片和氣，再也聽不到閒言碎語，弟弟也因此而收斂了不少。

據說，唐高宗李治在位時一直受到皇后武則天的掌控限制，因而經常煩惱鬱悶，不知如何排遣。

有一次，高宗在出宮巡幸的途中，遇到了一家好幾百人同堂的大家族，大家生活在同一屋簷下，卻沒有起過任何風波，相處十分和睦，這在當時實屬少見。因此，高宗特地去拜訪這個家族的族長，向他請教家族和睦的秘訣。族長取出紙和筆，連寫了一百多個「忍」字給高宗看，闡明幾百個人的大家族能夠和樂的秘訣，除了「忍」以外別無他法。

高宗看後深有同感，賜給該家族莫大的褒賞。

在現代的社會裡，人與人之間的日常交往和密切關係，往往超過了農業社會裡的百人大家族。俗話說百忍成金，若凡是皆能秉持「忍」的精神，想必這個社會就會減少許多摩擦與紛爭。

孟嘗君長年擔任齊國宰相，家中養了許多食客，誰知其中有一位食客竟然與孟嘗君的一個小妾私通。

有人將情況報告孟嘗君說：「身為人家的食客，暗中卻和主人的妾私通，實在太不應該了，理當將他處死。」

孟嘗君聽後淡然地說：「喜愛美女是人之常情，不必再提了。」

過了一年，孟嘗君召來那位食客對他說：「你在我門下已經有一段時間了，到現在還沒有適當的職位給你，我的心裡感到很不安。現在衛國國君和我私交很好，不如讓我替你準備車馬銀兩，到衛國去做官吧。」

這位食客來到衛國，受到了衛王的賞識和重用。後來，齊國和衛國一度關係緊張，衛國國君想聯合其他幾個國家攻打齊國。

此人對衛君說：「臣之所以能到衛國來，全賴孟嘗君不計臣的無能，將臣推薦給大王。臣聽說齊、衛兩國的先王曾經相互約定，將來子孫絕不彼此攻伐，而陛下您卻想聯合其他國家來攻打齊國，這不僅違背了先王的盟約，同時也辜負了孟嘗君的情誼。請陛下打消攻打齊國的念頭吧，否則臣願死在大王面前。」

衛君聽後佩服他的仁義，於是打消了攻打齊國的念頭。

齊國的人聽後讚頌道：「孟嘗君可謂善為事矣，轉禍為攻。」

這段故事是告訴我們，人必須具有寬容的胸襟，不要因爲一些小事而斤斤計較，要善於體諒別人，才能收服人心。

俗話說：「君子受人滴水之恩，當湧泉相報。」以寬容愛護的態度對待別人，別人也會將心比心，投桃報李。必須時時記得做人做事的藝術，有所忍讓，便能泯滅許多不必要的爭執和拚戰。

不計較小利才是最大的福氣

有時候不如糊塗一些，讓自己吃點虧，不為小利煩心，生活不也能過得更加快樂，不也是人生最大的福氣嗎？

戰國的時候，有一次楚王派一個叫巫馬其的人出使巴國。巫，就是巫師的意思，那個時候的巫師說話極有分量，形同君王的左右手。

巫馬其在出使的途中，遇見了一個肩挑毒酒的人。

巫馬其問：「這些是用來做什麼的？」

那人回答：「毒酒當然是用來毒害人的。」

於是，巫馬其就向他買下全部的毒酒。身邊帶的錢不夠，只好把他乘坐的馬車也抵作了酒錢。巫馬其買下毒酒後，馬上把它全部倒進長江。

表面看來，這眞是一件糊塗透頂的事！人家賣的毒酒又不是拿來給你喝的，又何必多管閒事？但巫馬其認爲毒酒畢竟是危害人的東西，賣給誰都是拿來害人，不如損害自己的利益，爲自己積點陰德。

並不是只要受害者不是自己，我們就可以對正在發生的壞事冷眼旁觀、置之不理。還記得電影〈蜘蛛人〉中的情節嗎？蜘蛛人彼德·派克爲了賺零用錢而參加了地下摔跤比賽，當他贏得了比賽並從主辦者那裡領取報酬的時候，遇到了主辦者的刁難。

這時，一個持槍的歹徒闖了進來，搶走了主辦者所有錢財。主辦者向彼德·派克求助，爲了對主辦者剛才的刁難表示報復，彼德·派克選擇了置之不理，於是使歹徒順利地逃脫。

當彼德·派克懷著一絲復仇的快感來到大街上時，發現有一個老人中了槍躺在血泊之中，這個老人正是他的舅舅。原來，那個歹徒奪路逃走，迎面遇到了彼德．派克的舅舅，舅舅試圖阻止他卻不幸被歹徒開槍擊中。

經過這個事件，蜘蛛人彼德．派克終於明白了一個道理：不要以爲壞事與你無關就可以置之不理，自身的力量越大，所需擔負的責任就越大。巫馬其寧可選擇自己吃虧，也要買毒酒倒進長江，是和蜘蛛人的想法不謀而合了。

西漢末年的丞相卓茂是有名的好脾氣。有一次他騎馬出門，半途有人攔住他，聲稱卓茂騎的馬是他的。

卓茂問：「你的馬是什麼時候丟的？」

那人回答：「是某日某時丟的。」

卓茂聽了，心裡明知道自己的馬已經騎了好幾年，一定不是那人丟的，但他卻不爭辯，而是把馬交給那人說：「如果你以後發現這不是你的馬，再把牠還給我吧。」然後就步行回家了。

過了幾天，那人找回了自己原來那匹馬，就到卓茂的家裡把他的馬還了回來，而且對卓茂的高風亮節表示欽佩。

卓茂和巫馬其一樣，都奉行「吃虧是福」的理念，不在乎自己的利益得失，上天垂青的往往就是這種損己利人的人。

在現代社會裡，許多人都爲了個人利益不斷地勾心鬥角、互相傾軋，甚至一點雞毛蒜皮的小事也針鋒相對、爭吵不休。對這些人來說，學習卓茂和巫馬其的糊塗精神，實在大有必要。

《莊子．則陽》一篇之中，講了這樣一個故事。

魏惠王和齊威王訂下盟約，可是過了不久齊威王就背約了。魏惠王對齊威王這種言而無信的行徑非常憤怒，準備派遣刺客去刺殺他。

可是，魏國的大臣們對此意見不一，有人認為國君不應該像匹夫一樣爭鬥，所以不應該派刺客而應該發兵二十萬去攻打齊國；有人則認為不應該攻打。一時之間意見紛雜，讓魏惠王拿不定主意。

有個叫戴晉人的人前來見魏王。

戴晉人對魏王說：「有一種叫做蝸牛的小動物，大王你知道嗎？」

魏惠王說：「當然知道。」

戴晉人說：「在蝸牛的左角上，有一個國家叫觸氏；在蝸牛的右角之上，有個國家叫蠻氏。這兩個國家之間，經常因為爭奪地盤而爆發戰爭，每次戰爭都要橫屍數萬，追逐敗兵的人要花十五天的時間才能從一個角返回另一個角。」

魏惠王說：「嘿，你這不是胡說八道吧？」

戴晉人說：「大王您認為，天地之外，整個宇宙有窮盡嗎？」

魏王說：「沒有窮盡。」

戴晉人說：「那麼就讓您的想像力在無窮無盡的宇宙間遨遊一番，然後再返回到地上的諸侯國家。這些諸侯國和茫茫宇宙比起來是不是似有似無，非常渺小呢？」

魏王答道：「是這樣的。」

戴晉人說：「在地上的這些諸侯國裡有咱們魏國，在魏國之中有這個大梁城，在大梁城之中有大王您。那麼大王您和蠻氏又有什麼區別呢？」

魏王若有所悟地說：「是沒有區別。」

戴晉人走後，魏王悵然若失，此後也沒有發兵攻打齊國，更沒有派遣刺客。

莊子想用這個故事告訴我們，與無窮無盡的自然相比，我們每個人的生命是多麼的渺小。如果我們瞭解到了自身的這種渺小，還執迷不悔地爲了一點點芝麻綠豆般的瑣事紛爭不已，不是一件很荒唐的事情嗎？生命是如此短暫，難道我們不應該珍惜生命，從事更有價值的事情嗎？

如果我們爲了一些微利而勞心勞力，與人斤斤計較不願吃虧，就會讓自己成爲外物的奴隸，如此度過一生，難道眞的值得嗎？

有時候不如糊塗一些，讓自己吃點虧，不爲小利煩心，生活不也能過得更加快樂，不也是人生最大的福氣嗎？

凡事看開，煩惱不再來

天地萬物轉眼即逝，再怎麼討厭的厄運也不可能長久影響自己的生活，再怎麼樣富裕也不可能永遠擁有，又何必要處處與人比較？

東晉時期，大官庾亮的坐騎當中有一匹馬，根據相馬師的鑑定，是屬於會帶來災禍的「凶馬」。

有人勸庾亮把這匹馬賣掉，庾亮回答說：「我如果把這匹馬賣掉，就會害了買他的人的性命。自己不願意承受的，卻叫別人去承受，這是不義之事。我怎麼能夠因為害怕危害自己的生命安全就把牠轉賣給別人呢？」

「古時候孫叔敖遇到了兩頭蛇，傳說遇到這種蛇的人一定會死，於是孫叔敖就冒著危險把兩頭蛇殺死了，為的就是讓後來的人不再看到牠。如今，我應該學習孫叔敖的做法，不也是通達之舉嗎？」

「己所不欲，勿施於人」是庾亮的想法，這種行爲在許多人看來當然是一種糊塗、愚笨的行爲。

相信許多人都曾經收到「厄運信」，信裡面說：「如果你將這封信按照同樣的內容抄寫十份，並且分別寄給你的十位朋友的話，就可以將你身上的不祥災禍轉給他人……」

曾經有人依照信中的指示將這封信抄寫了十份分別寄出，結果過了一個月左右，他反而收到了更多的厄運信。原來，他的朋友們都認爲他是一個不可靠的人，所以都把他列在嫁禍的名單之中。

看來，將「己所不欲」的事情「反施於人」，也不是怎麼高明的辦法，不如圓融一點，也能更心安理得一點。

天地萬物轉眼即逝，再怎麼討厭的厄運也不可能長久影響自己的生活，又

何必急著想把一切轉嫁給他人呢？

同樣的，再怎麼樣富裕也不可能永遠擁有，又何必要處處與人比較？俗話說「人比人，氣死人」。當一個人的比較之心過於強盛的時候，就總是想盡辦法在某方面超越別人，否則就感到如坐針氈、如鯁在喉。但是，這種比較只會使自己遭遇禍事。

晉朝的時候，許多門閥士族享有大量的財產，紛紛炫耀鬥富，其中，石崇和王愷就是其中最為著名的。

王愷用糖膏來刷鍋，石崇就用蜜蠟當柴燒；王愷用紫色的蠶絲布作路兩旁的帷幕，長達四十里，石崇就用長五十里的上等錦緞來作帷幕；石崇用香料和泥來塗滿房屋的牆壁，王愷就用赤石的胭脂來塗牆。

當時的皇帝晉武帝時常幫助王愷，曾經賜給王愷一株珊瑚樹，有二尺多高。王愷把珊瑚樹拿給石崇看，石崇就用鐵如意把王愷的珊瑚樹擊碎。王愷十分惱怒，認為石崇是嫉妒他的珍貴之物。

石崇說：「你不值得生那麼大的氣，我現在就還給你。」於是命令手下人把家中的珊瑚樹全都拿了出來，其中高三、四尺的有六、七棵，和王愷的珊瑚樹大小相同的也有很多。

王愷登時惘然失意，不知所措。

石崇的富有真可謂是人中之極了。但是如此比較，到頭來帶給他的是什麼呢？石崇有一個美麗的寵妾叫做綠珠，孫秀到石崇家作客的時候見到了她，向石崇索要，卻被拒絕了。

後來，孫秀藉口石崇參與了王允的叛亂而將他收捕入獄。

石崇在獄中長歎道：「你們這些奴輩，只不過貪圖我的財富罷了！」獄卒說：「你既知道錢財可以為禍，何不早散之？」石崇無話可說。後來石崇被滅族，家產被抄沒。

許多人看著他人出將入相、富可敵國，難免都有羨慕之情，特別是當自己處於貧賤低微的境況之時更是如此。蘇東坡在他的〈前赤壁賦〉中便借「客」

的口吻說出了這樣的看法。

正如蘇東坡所說，「自其變者觀之，天地曾不能以一瞬」，所以人生在世，實在沒必要因爲覺得自己不如別人而感到煩惱憤懣。不論那人生前多麼富有跋扈，多麼威風八面，百年之後也不過是三尺地、一堆土而已。

豈不聞「舊時王謝堂前燕，飛入尋常百姓家」嗎？莊子也說：「天地一指也，萬物一馬也。」馬和非馬實在沒有什麼分別，不論好運、壞運，不論富貴、貧賤，也不是恆久不變，凡事看開一點，煩惱也就少一分。

用聰明才智糊塗處世

> 不要以為自己不比別人聰明就放棄努力，糊塗有糊塗的好處，聰明有聰明的不足，只有該聰明時聰明、該糊塗時糊塗，方是人生大智慧。

也許有的人認爲，自己在聰明才智上無法勝過他人，所以就不奢望成功，不努力就先灰心喪氣了。

其實，糊塗者有糊塗者的長處，正是因爲糊塗，所以心裡的想法簡單，沒有多餘的顧慮，做起事情來不一定比那些所謂的聰明人差。

更何況有的「糊塗人」認爲自己既然糊塗，就更應該比別人更加刻苦奮鬥，反而獲得了那些「聰明人」達不到的成就呢。

宋代的文學家歐陽修有一則寓言〈賣油翁〉：

有個叫陳堯咨的人十分擅長射箭，當時沒有人能出其右，他自己也以這一點感到自豪，時常表演射箭，博得眾人好評，以滿足自己的虛榮心。

一天，他在花園裡射箭，有個賣油翁放下擔子站在一旁，斜著眼睛看了很久都不離開。賣油翁看見陳堯咨射出的箭，十枝有八、九枝中的，只是微微地點點頭，毫無欽佩之意。

陳堯咨質問道：「你也懂得射箭嗎？我的射技不是很高明嗎？」

賣油翁說：「沒有什麼，只不過手熟罷了。」

陳堯咨怒氣沖沖地說：「你怎麼敢小看我的射技！」

賣油翁說：「憑我酌油的經驗就可以知道這個道理。」說完，拿出一個葫蘆放在地上，用一個銅錢蓋在葫蘆口上，慢慢地用勺子把油注入葫蘆。整勺油從錢孔中穿過去，錢一點也沒被油濺濕。

賣油翁接著說：「我這也沒有什麼，只是手熟罷了。」

這個故事告訴我們，千萬不要以爲自己不比別人聰明就放棄了努力，要知道熟能生巧、勤能補拙的道理。

糊塗有糊塗的好處，聰明有聰明的不足，只有該聰明時聰明、該糊塗時糊塗，方是人生的大智慧。

許多「聰明人」正是因爲自己過度聰明才惹禍上身的。才華彷彿一柄雙刃劍，雖然鋒利無比，但若是使用不當，也會割傷自身。

東漢末年，禰衡年少才高，二十出頭的時候初遊許昌。那時許昌是漢朝的都城，名流雲集，陳群、司馬朗、荀彧、趙稚等人都聲名顯赫。

有人勸禰衡結交陳群、司馬朗，禰衡說：「我怎能跟殺豬、賣酒的混在一起。」勸他參拜荀彧、趙稚，他回答道：「荀某一副好相貌，如果弔喪，可借他的面孔用一下；趙某是酒囊飯袋，只好叫他看守廚房。」

這位才子唯獨與少府孔融、主薄楊修意氣相投，對人說：「孔文舉是我大

兒，楊德祖是我小兒，其餘碌碌之輩，不值一提。」由此可見他何等狂傲。

後來，孔融向漢獻帝上書推薦禰衡，掌握朝政的曹操對他也有召見之意。但禰衡看不起曹操，託病不願前往，還口出不遜之言。曹操於是封他做了個擊鼓小吏的官，藉以羞辱他。

一天，曹操大會賓客，命禰衡穿戴鼓吏衣帽當眾擊鼓為樂，豈知他竟在大庭廣眾之中脫光衣服、赤身露體，使賓主討了場沒趣。曹操恨禰衡入骨，但又不願因殺他而壞了自己的名聲。心想像禰衡這樣狂妄的人，遲早會惹來殺身之禍，便把禰衡送給荊州牧劉表。

禰衡替劉表掌管文書，頗為賣力，但不久便因倨傲無禮而得罪眾人。劉表也聰明，把他發配到江夏太守黃祖那裡去。

禰衡為黃祖掌書記，起初做得也不錯，後來黃祖在戰船上設宴，禰衡說話無禮受到黃祖喝斥，禰衡竟頂嘴罵道：「死老頭，你少囉嗦！」

黃祖急性子，盛怒之下把他殺了。其時，禰衡年僅二十六歲。

禰衡文才頗高，如果能夠把姿態放低，謙遜處世，虛心待人，在漢末的亂世中一定可以建功立業。

可惜他過於恃才傲物、桀傲不馴，孤身居於權柄高握的虎狼群中卻不知自保，反而放浪形骸，無端頂撞權勢人物，最後落得這般下場也算是「性格決定命運」的又一個註解吧。

魏晉政權更替的時候，司馬氏執掌了魏國的大權，「司馬昭之心，路人皆知」。但是司馬氏既然想謀朝篡位，就必須先籠絡人心，所以對當時的一些名人高士都表現出了拉攏的態度。

大名鼎鼎的「竹林七賢」就是司馬氏政權主要想要拉攏的對象。

阮籍是竹林七賢之中的一位，既不想接受司馬氏的籠絡，也不願意因此而惹禍上身，所以只好每天不斷喝酒，讓自己爛醉如泥，因此司馬氏對他的這種推諉也無計可施。

竹林七賢之中的另一位名士——嵇康性格更加孤傲。

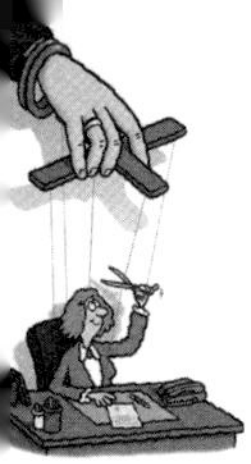

嵇康酷愛打鐵，一天他正和自己的好友向秀在家中的大柳樹之下打鐵自娛，司馬氏的黨羽鍾會前來拜訪。嵇康瞧不起鍾會又十分厭惡他的為人，於是自顧自打鐵，對鍾會不予理會。

鍾會在旁邊站了半天，對方卻連理都不理，這讓他大感受辱。正當鍾會轉身要走，嵇康卻說話了：「何所聞而來？何所見而去？」

鍾會十分惱火，冷冷地道：「聞所聞而來，見所見而去！」然後揚長而去。鍾會和嵇康就此結下了冤仇。

不久以後，嵇康寫下了〈與山巨源絕交書〉，裡面有一些詞句觸犯了司馬氏政權的禁忌，於是鍾會就向司馬昭告發了嵇康。

嵇康先被下獄，後被斬首。臨刑前，嵇康奏了一遍〈廣陵散〉，然後摔琴長歎道：「廣陵散自此絕矣！」坦然就戮。

禰衡狂妄殺身，嵇康片言賈禍，這些都是給那些「聰明者」的警示啊！

05

小心謹慎，才不會惹禍上身

在封建制度裡皇帝總是猜忌誅殺功臣的社會環境之下，

郭子儀的處世態度，可說給予了後人無盡的啟示。

懂得收手是一種智慧

很多時候，「放下去」比「拿起來」更為困難，其中所潛藏的危機與誘惑，即使連最聰明的成功者也常會難以抗拒。

英國哲人約翰遜曾說：「真正的幸運並不在於拿到賭桌上最好的牌，而是知道該在什麼時候離開賭桌回家。」

拿到一把最好的牌，的確令人羨慕，但是好運不會永遠持續下去，撈了一大筆之後，更該知道見好就收，否則一直賭下去，無論先前贏了多少錢，也終究難逃輸個精光的下場。

乘勝追擊，應該追多遠、追多久？當我們春風得意，無往不利時，又有多

少人懂得在最適當的時機全身而退，罷手收山？

馬援，是東漢初年著名的將領，曾任伏波將軍，後來被封為新息侯。

建武年間，天下初定，諸王紛紛來到京城，四處結交朋友賢士，藉以籠絡人才，鞏固勢力，博取好名聲。

有人來拉攏馬援的時候，他都保持低調，即便對方平日與他有不錯的交情，也還是推辭說：「我只是一介武夫，朝政的事情完全不懂，不過會跟著大王打仗而已，況且我也老了，不想再費神考慮朝廷裡的事情，只期待安享晚年呢！」

這天，呂種又來拜見馬援。呂種是個文官，卻和馬援相當談得來，兩人平日裡便經常相互拜訪，喝酒談天，是很好的朋友。

談笑間，呂種說起了自己的近況，指出日前他結交了某位王爺，對方很器重他，不但委以重任，還賞賜了大量的金銀珠寶，一邊說一邊顯現出滿足和興奮的神情，並試探性地問馬援：「馬將軍，我聽說有不少的王孫貴族想要與您結交，您都不太樂意，說實話，那些來找您的人確實沒有什麼發展前途，但我投靠的這位王爺不一樣，且王爺已經說了，能夠得到您的支持，是他莫大的榮幸，希望您考慮一下。」

馬援聽到這，臉色立刻轉變，冷冷地說：「你我相交這麼多年，又不是不了解我的個性，已經決定的事情，無論誰來勸都不會起作用！」

馬援嘆口氣後又說道：「作為知交，我倒是想要勸勸你。現在這些王侯能夠肆無忌憚壯大自己的勢力，只是因為朝廷限制藩王勢力的措施還沒有建立起來，並非天子當真不在意。如果他們再這樣廣交賓客，以後勢必得面臨被天子鎮壓的下場，你要多加留心啊！」

呂種當時不以為意，但不久之後，果然有人上奏指控諸王的賓客意圖叛亂，皇帝當即下令逮捕，牽連了數千人，呂種也不幸陷入災禍之中，這時他才悔悟，不禁感嘆道：「馬將軍，神人也！」

馬援不愧是具有政治才能的將領，對於局勢的解析有獨到之處，爲其他人所不及。更重要的是，他沒有貪求高官厚祿之心，懂得低調、收手，不接受其

他王侯的籠絡，不對那些誘人但危險的利益心動。他清清楚楚地知道現在這樣就好，再要更多，只會爲自己帶來危機。

好不容易得到成功，人必定會想要長久保住現下所擁有的成果，甚至還會衍生出更大的野心，企圖追求更多、更高的利益與好處，不再爲現有地位感到滿足。但是，人心的貪念如同一個無底洞，若是不懂克制，永遠不會有被塡滿的一天，也正是因爲如此，許多人不懂得在最順利的時候收手，抓不住「離開牌桌」的時機，非要到用盡自己一切的好運與精力，淪落至悲慘境地爲止。

我們必須要學會拿捏分寸，讓自己做到「收放自如」。這並不是一件容易的事，很多時候，「放下去」比「拿起來」更爲困難，其中所潛藏的危機與誘惑，即使連最聰明的成功者也常會難以抗拒。

「向前進」需要勇氣，但已經達到人生的高峰時，知道什麼時候該收手，則需要更深一層的智慧，馬援的故事所要告訴我們的，正是這個道理。

不能光有樣子，沒有裡子

當有一天，一切亮麗的外在事物終於抵不過時間的摧殘而衰敗、逝去時，唯一能夠永不褪色的只有充實的內在而已。

泰戈爾曾寫過這麼一段詩句：「你可以從外表的美來評論一朵花或一隻蝴蝶，但你不能這樣來評論一個人。」

在這個年代，誰不注重外表？誰不注重排場和噱頭？

電視上，一個個都是自詡走在流行尖端的藝人；辦公室裡，一個個都是以追求最新科技趨勢自我標榜的人，不時還脫口來兩句中英文夾雜的商業術語，唬得大家一愣一愣的。

不過，外表光鮮亮麗，內在就一定是眞材實料嗎？

明朝時，杭州是全國首屈一指的繁華城市，商業極為發達，不但林立著很多大大小小的店鋪，充斥著來自各地的商人，街頭上挑擔叫賣的小販更是舉目皆是，各種農產器物在杭州都有買賣。

話說杭州城裡有一個賣水果的商人，因為生意非常興隆，賺了一大筆錢，其中大部分的獲利，都是來自於他賣的橘子。

這個人特別精於保存橘子，有辦法將它們擺上一年都不腐爛，從外表看起來照樣金黃油亮，色澤鮮艷得如同剛採下來一樣。

他就是靠著這門絕活，先趁盛產期一口氣買進大量的橘子，有計劃的儲存起來，等到別人的橘子不新鮮時，他再拿這些庫存的橘子到市場上賣。當然，他的橘子要比別人的賣價高出好多倍，然而買主們看到外表那麼漂亮，當然仍是趨之若鶩，個個掏錢掏得心甘情願。

不過，有一次卻出了意外，有位客人看中了他色澤鮮艷的橘子，儘管價錢不低，仍是一口氣買了好幾個，沒想到回到家興高采烈切開橘子時，撲鼻而來的不是清香，而是一股難聞的怪味，仔細一看，果肉竟然已經全部發霉，而且乾巴巴地像一團爛棉絮。

花高價買回的橘子全都不能吃，教人怎麼不生氣？

這位客人於是拿著爛橘子到商人的攤子前，氣沖沖地質問：「這就是你賣的橘子嗎？你當所有的客人都是傻瓜和瞎子嗎？大家都來看看，看看這個騙子賣的爛橘子，這樣欺騙別人，太過分了吧！」

這時，群眾都被嚷嚷聲吸引了過來，得知情況後紛紛指責這個商人太沒良心，應該向客人道歉退錢才是。

誰知這位商人面對眾人的責難，卻一點也不覺得心虛，非但沒有羞愧，反而面帶微笑，理直氣壯地對顧客說：「我做買賣已經有很多年了，就靠這個生意來賺錢、養家餬口。放眼杭州城裡，曾向我買過橘子的人多不勝數，別人都沒有說過什麼，為什麼就你一個人有意見呢？再說，現今這世界上欺詐騙人的比比皆是，又不止我一個，難道你就沒想過這個道理嗎？看看那些威風凜凜的武將，穿著將軍服，風采氣度完全不輸古時候的大軍事家孫子、吳起，可是他們之中有誰真正懂得兵法呢？再看看那些身穿漂亮朝服，邁著方步、文質彬彬的官員大臣們，又有誰真正掌握了治理國家的宏圖大略呢？」

商人接著說：「事實上，他們什麼本事都沒有，強盜橫行，沒有辦法剷除；老百姓生活困苦，不知道去救助；貪官污吏橫行，不曾想過如何整治。這些人一個個身居要職，享受著高官厚祿，住著豪華住宅，吃著山珍海味，喝著瓊漿玉液，乘坐大車駿馬，哪一個不是道貌岸然的模樣？又有誰不是像我賣的橘子一樣，表面上看起來如金似玉，實質上內在不過像堆爛棉絮而已，這些真正的醜惡你都看不到，卻只看到我賣的橘子！」

這就是「金玉其外，敗絮其中」的道理。賣橘子的商人雖然是在強辯，意圖爲自己脫罪，但我們還是不能忽略故事眞正要表達的涵義：千萬不能因爲一個人的外表出色，而忘了注意他的內在。

所謂的「外表」，廣義來講，不光只是指一個人的外貌，更是指他的排場、頭銜、學歷、甚至是口才。或許他能滔滔不絕地講述一件事，或是他過去擁有多麼傲人的學經歷，很多事對他來說都太容易……云云，不過，嘴巴講得天花亂墜是一回事，當你眞的把工作交給他的時候，那可能又是另外一回事了。

我們除了要避免犯下只用外表去判斷人的錯誤，同時，也應該努力成爲具有豐富內涵、可以被信賴、被人認定有能力有擔當的人。

因爲，外表縱使可以欺世盜名一時，卻不能留下任何具體的成績。總有一天，當一切亮麗的外在事物終於抵不過時間的摧殘而衰敗、逝去時，唯一能夠永不褪色的只有充實的內在了。

要有相互包容的心胸

在商場、職場，或是政治立場上，大眾普遍都抱著「不是朋友，就是敵人」的成見，殊不知絕對的二分法，只會強化彼此的對立。

俄國文學家高爾基曾說：「我們都會犯一點錯誤，只有死人才不犯錯，因為他們不會活動。」

每個人都可能在競爭與努力的過程中，因爲做出正確選擇而獲得成功，但同樣也可能因爲選錯邊、站錯台、押錯寶，落得失敗的下場。

應該記住的是，意見相左，不過就是「立場」不同罷了，要有相互包容的心胸。無論最後的結果爲何，並不表示成功者與失敗者彼此之間必定有著「不是你死就是我亡」的仇恨或對立。

漢高祖劉邦手下能人眾多，其中不乏像蒯通這樣的能言善辯之士。在某些情況下，言語是比刀劍更厲害的武器，不但能力挽狂瀾，還能反擊敵人。

曾立下汗馬功勞的淮陰侯韓信，最終因謀反之罪被殺，替他出謀獻策的謀士蒯通也被抓了起來，由漢高祖劉邦親自審訊：「蒯通，大漢朝向來待你不薄，你竟然做出如此不忠之舉，是你教唆淮陰侯反叛的嗎？」

蒯通理直氣壯大聲回答道：「是的，我的確是叫韓信反叛，可惜他沒用我的計策，所以才自取滅亡，落得如此下場。假如他當初肯早些採納我為他制定的計策，陛下又怎麼能抓住他並且殺了他呢？」

劉邦氣得暴跳如雷，於是當場下令：「把蒯通給我放到鍋裡蒸了！」

聽了判決，蒯通不慌不忙地說：「陛下，您把我蒸了可真是冤枉呀！」

劉邦怒目而視，斥責說：「你既已經承認教唆韓信造反，試圖謀奪江山，哪裡還有什麼冤枉？」

蒯通從容回答：「盜跖的狗對著堯狂吠，並不是因為堯不仁德，只不過他不是狗的主人而已，您能說盜跖的狗做錯了什麼嗎？我跟隨韓信多年，對他忠心耿耿，為他出策謀劃，效忠主子，何錯之有？」

漢高祖劉邦聽了這番話，不禁恍然大悟，如果將蒯通這樣有才華的人輕易殺掉，豈不是大漢朝的巨大損失？於是，劉邦下令赦免了蒯通的所有罪過，還任命他擔當重要的職位。

在許多人的想法中，萬事萬物只有是與非、黑與白、敵與我的分別，尤其在商場、職場，或是政治立場上，大眾心裡普遍都抱著「不是朋友，就是敵人」的成見，殊不知這種絕對的二分法，只會加深鴻溝，強化彼此的對立。

狗對來者狂吠，只是善盡對主人的忠心而已，就像蒯通輔佐韓信時與劉邦爲敵，並不表示蒯通對劉邦本人，或是漢朝有什麼不共戴天之仇，非要將其消滅不可，只是立場不同罷了。

能夠看破一時的對立，尋求更高層次的相合相知，需要相當的智慧與胸襟，當然不容易做到。

但是，我們必須知道，所謂「立場」，常常只是一時的局勢與人爲運作操弄下的結果，會隨著時間與空間的不同而隨時改變。

如果不能看透這一層，放寬心胸去欣賞、去接觸那些曾經與我們立場不同的「敵人」，無疑將會錯失許多足以成爲助力的人、事、物與機會，這樣豈不是太可惜了嗎？

夠冷靜，才能穩操勝算

> 做事要抱持「平常心」。不論一心求快或是貪便宜，只要失去了平日冷靜判斷與行動的能力，失敗與錯誤必然接踵而至。

孔子的弟子子夏是莒父的行政首長，有一回向孔子請教行政該注意的地方。

孔子說：「事情不要圖快，再來就是不能只顧蠅頭小利。一味圖快，反而達不到預期目的；只顧小利，就絕對辦不成大事。」

孔子這番話提醒我們，不管做任何事都要夠穩紮穩打，不貪求眼前小利和捷徑，才是眞正做大事的人。

春秋末期，齊國國君齊景公非常器重和依賴宰相晏嬰，所有事情，無論大小，他都會先向晏嬰請教，然後再行定奪。

一次，齊景公正在海邊遊玩散心，忽然接到侍者的報告：「大王，大事不好了，宰相晏嬰病倒了，病況十分嚴重啊！」

齊景公聽到這個消息大驚失色，挑選了最好的駕車手，以及最好的馬匹，便急急忙忙回京了。在車上，齊景公還不住地催促駕車手：「快點，再快點！宰相的生命有危險了！」

雖然馬兒已經全力奔跑，齊景公仍然覺得太慢，沉不住氣的他索性把駕車手往旁邊一推，自己拿鞭子趕車。

這樣又跑了一陣子，他還是嫌不夠快，怎麼辦呢？心急如焚的齊國國君竟做出了一項驚人之舉——跳下馬車，徒步奔跑起來。但是，兩條腿的人怎麼可能快過四條腿的馬？一心求快的結果，反而更慢。

跑了一陣子，見實在不行，齊景公只好無奈地回到車上，讓駕車手重新駕駛馬車往都城前進，這個時候他才終於領悟到自己方才的衝動與可笑。

想快時常常快不了，一心貪便宜總難逃吃大虧，爲什麼？

想快的時候，只注意速度，恨不得一步到位，便會搞亂了應有的穩定步伐。常聽人說「病急亂投醫」，一旦「急」就會「亂」，哪裡還能分辨東南西北？一旦「亂」，不能穩紮穩打、保持冷靜，很快就會自亂陣腳，招致失敗。

貪小便宜也一樣，受制於貪念，蒙蔽了自己原有的感覺與判斷能力，這樣一來，又怎麼能做出最正確抉擇呢？正如層出不窮的詐騙案件，結果往往是受騙上當，白花了大把的冤枉錢。

智者常常告誡我們做事要抱持「平常心」，正是這個道理。不論一心求快或是貪圖眼前的便宜，只要失去了平常心，失去了冷靜判斷與行動的能力，失敗與錯誤必然接踵而至！

小心謹慎，才不會惹禍上身

> 在封建制度裡皇帝總是猜忌誅殺功臣的社會環境之下，郭子儀的處世態度，可說給予了後人無盡的啟示。

任何事物總有看不透、說不清、不可捉摸、不可預料的一面，人世間的種種更是波譎雲詭，常常令人難以提出合理的解釋。爲人處世，不妨多些謹慎與超脫，遠離是非、躲避嫌疑，窮則獨善其身，達則兼善天下，凡事預先留下後路，才能長盛不衰。

唐朝的中興名臣郭子儀一生功勳卓著，爲唐王朝平定安史之亂，擊退回紇、吐蕃，立下了汗馬功勞。但是很少有人知道，這位顯赫一生的郭老令公爲人處世卻十分小心謹慎，與他在千軍萬馬中叱吒風雲、指揮若定的風格全然不同。

唐肅宗的時候，郭子儀官封汾陽王，住進了位於長安親仁坊金碧輝煌的王府。令人不解的是，自從入住汾陽王府以後，郭子儀總是讓王府的大門白日洞開，任憑家人親友從敞開的正門隨意出入。這與其他的官宦人家或者衙門公署門禁森嚴的景象有著天壤之別。

每當客人來訪，郭子儀總是毫無顧忌地請他們進入自己的內室，連自己的姬妾也不須迴避。

有一次，一位將軍準備離京赴任，特意來向郭子儀辭行。這位將軍進到內室，見他的夫人和女兒正在梳妝，而且她們把郭子儀當成傭人一般地使喚。

那位將軍認為郭子儀身為王爺，這樣做實在欠缺禮數，教人聽見了難免笑話，勸他應該應該威嚴一些。

郭子儀笑著說：「你們根本不明白我的用意啊。我的馬吃公家草料的有五百匹，我的部屬、僕人吃公家糧食的有一千人，現在我可以說是位極人臣，受盡恩寵了。但是，誰能保證沒人在暗中算計我們呢？如果我和其他的官宦人家一樣，修築起高高的圍牆，整日大門緊閉，不讓人看到我每天都在做什麼，一旦有人與我結下冤仇，誣陷我懷有二心、圖謀不軌，該怎麼辦？我這樣做，讓外人知道我們家的隱私，雖然失了一些禮數，卻可以令流言蜚語沒有滋生的餘地。就算有人在暗中想詆毀我，也找不到什麼藉口了。」

那位將軍聽了郭子儀這樣一番話，對他的深謀遠慮表示欽佩。

常言道：「伴君如伴虎」，尤其是對那些立下大功、掌握重兵的將軍、大臣來說，如何避免皇帝、君主的猜忌是一個難以迴避的重大問題。許多人由於居功自傲或者貪圖祿位，總是與君主產生一些嫌隙。這些嫌隙一旦激化，災禍就會加於自己的身上。

郭子儀深深地通曉這個道理，所以他會用門戶洞開的方式表示自己沒有什麼見不得人的企圖。

郭子儀由於功高，受到宦官魚朝恩、程元振等人的嫉妒，多次在皇帝面前說他的壞話，因此，也曾經數次被剝奪了兵權。甚至有一次，郭子儀父親之墓被人盜掘，官府未能捕獲盜墓人。

人們都認為魚朝恩一向妒嫉郭子儀，懷疑他是幕後主使，郭子儀也深知其原由。盜掘祖墳，是一般人所無法忍受的奇恥大辱。當郭子儀入朝時，人們都以為會喋血京師，公卿大臣也深感不安。

可是當唐代宗向他講述此事，他卻哭泣著說：「臣久掌兵權，卻不能制止部下的士兵做出暴行，士兵們破壞他人的墳墓也一定很多吧。這都是因為臣不忠不孝，所以招致了上天的譴責，不是有人要故意害我啊。」

郭子儀寬厚待人，爲了國家大計而把大事化小，朝廷上下才得以相安無事。

他一生征戰無數，曾經擔任「天下兵馬副元帥」（正元帥是皇子）之職，立下大功卻不以爲傲，皇帝賜給他教坊樂班作爲賞賜，他辭而不受；受到宦官詆毀被剝奪兵權時也不計較，耐心地等待再次爲國效力。

郭子儀歷經玄宗、肅宗、代宗、德宗四朝，身居要職六十年，雖然宦海波濤總是試圖將他淹沒，但他始終屹立不倒，最終以八十五歲的高齡享盡天年，而且還德蔭子孫，他的八個兒子七個女婿全部做了高官，郭氏一門成爲了洋洋大族。

在封建制度裡皇帝總是猜忌誅殺功臣的社會環境之下，郭子儀「富、貴、壽、考」四者皆全。所以《新唐書》稱讚他「權傾天下而朝不忌，功蓋一世而上不疑，侈窮人欲而議者不之貶」。

郭子儀的處世態度，可說給予了後人無盡的啓示。

以柔軟克服剛硬，事情更加順利

當用強硬的手段無法解決問題，甚至會將糾紛擴大為官司的情況下，採用以柔克剛的太極功夫，必將更加順利。

曾經有一位老哲學家，他的學生們辯論世界上什麼東西最結實，有人說是鋼鐵，有人說是鑽石，爭論不休，誰也說服不了對方。

最後，學生們決定請教老哲學家。

老哲學家聽了，笑著張開嘴巴，問道：「我的牙齒呢？」

學生們回答：「都掉光了。」

「那麼我的舌頭呢？」

「還在。」

學生們忽然有所覺悟，原來這個世界上最結實的東西，不是堅硬而是柔軟。

世界上許多事情往往不離這個道理，最堅硬的東西往往會被最柔軟的東西剋制。能夠擊穿鋼板的子彈，卻射不穿橡膠；石頭再堅硬，也會在雨水的沖刷下失去稜角。

《倚天屠龍記》裡，武當派掌門人張三丰傳授張無忌太極拳功夫時，講明要訣道：「他強隨他強，清風拂山岡；他橫隨他橫，明月照大江。」正是對以柔克剛精神的最佳表述。

如果能夠體會話中柔能克剛的道理，對於我們在待人接物、從政經商的時候，一定會大有裨益。

明朝有一名大官嚴訥，是江蘇常熟人，為人足智多謀，又不畏權貴，既受到同僚的敬重，也博得了皇帝的賞識，最後當到了禮部尚書的職位。

嚴訥告老還鄉辭官歸家以後，準備在家鄉建造一座大宅院安養天年。當整塊地基清理出來以後，唯獨有一戶人家好說歹說都不肯讓出土地，不論什麼價錢都不願意將土地賣給嚴訥。

原來，這戶人家以賣豆腐和甜酒為生，房子是自祖輩傳下來的，不僅有老宅難捨的情分，也有生意做慣了搬遷不便的難處。

嚴訥幾個做官的朋友見狀，建議他不如採取強硬的措施，動用官府的勢力，強迫這戶人家搬遷。

嚴訥卻說：「不用著急，先蓋那三面，留著那一面以後再說。」

於是，建造工程開始進行了。

嚴訥吩咐建築的工人說，凡是工地每天吃飯所需要的豆腐和甜酒都到「釘子戶」的店裡買，而且一定要先付錢再拿東西，不許賒帳。

那間小店是小本生意，只有夫婦兩人張羅，一時之間生意興盛，兩人都忙得焦頭爛額，於是嚴訥又主動找人來幫忙。不久，隨著工程的進展，建房的工人越來越多，小店的生意也越來越好。

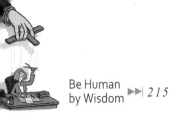

店裡積貯的大米、黃豆堆滿了房間，添置的酒缸等器物把小店塞得水洩不通。這時，由於小店的屋子裡已經無法容納這眾多的貨物、器皿，再加上夫婦兩人對嚴訥的以德報怨十分感激，又對當初拒絕搬遷而感到內疚，於是就主動向嚴訥表示願意搬遷到別處，嚴訥便用附近更為寬敞的房子與他們交換。這對夫婦十分高興，不出幾天就搬走了，嚴訥家的宅院也如期完工。

嚴訥對於這場鄰里糾紛的處置方式，不僅表現出了他爲人的仁義，更反應出了他待人處世的智慧。

當用強硬的手段無法解決問題，甚至會將糾紛擴大爲官司的情況下，嚴訥採用了「以柔克剛」的方式解決。既幫助那對夫婦賺了錢，也使得自己改善了鄰里關係，博得了好的讚譽，宅院的建設也絲毫沒有耽誤。

我們日常的爲人處世，應該學一學嚴訥這種以柔克剛的太極功夫，事情處理起來必將更加順利。

懂得造勢，可以打開知名度

陳子昂摔琴揚名，捨得花費百萬錢，摔百萬琴，看似糊塗的做法，卻能換得名滿天下，陳子昂可謂是做了一樁好買賣。

初唐名詩人陳子昂年輕的時候，在他的四川老家非常有名，可是當他考中進士來到京城長安以後，由於他為人耿直，不會趨炎附勢，又不會巴結權貴，一時之間無人問津、備受冷落。

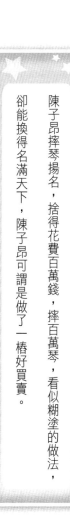

陳子昂客居京城，等候皇上賜官，誰知一等數個月，仍然杳無音訊，心中鬱鬱不樂。

一天，陳子昂在京城的東市裡閒逛散心，信步來到一樂器店，見一群人正圍

著觀賞一把胡琴。

店主指著胡琴向顧客們招攬道：「我的這把胡琴可是稀世珍寶，沒有百萬錢我是不願意賣的。」

胡琴來自西域，唐代初年並不普及，再加上價格如此昂貴，所以雖然圍觀者眾，卻沒有人願意買下這把琴。

陳子昂也在人群中觀賞胡琴，看了看身邊的眾人，發現其中不乏富貴之士，忽然有了一個非常冒險的想法。

陳子昂穿過人群，對店主說：「這柄琴我買了。」然後叫人用車將百萬錢拉了過來。

按照唐代的物價，百萬錢大概折合台幣八十多萬，看來陳子昂頗爲富裕。由於當時都是使用銅錢，所以要用車拉才取得了那麼多錢。

在場的人無不咋舌稱奇。

有人猜想他一定是哪家闊少爺，家中廣有財產，才不惜揮金如土，買下這昂貴的珍寶。也有人譏笑他竟然出高價買這東西，是一個癡人。

見到眾人議論紛紛，他說：「我會彈這琴。小生蜀中陳子昂，這次來京大考，請諸位朋友賞光明天光臨宣陽里，聽鄙人演奏此琴。」

陳子昂花百萬高價買胡琴的事在長安一下傳開了。第二天，果然有成千上萬的人來宣陽里聽陳子昂彈琴。

有市民、有文人學士，也有達官貴人，現場人山人海，把整個宣陽里擠得水洩不通，人人都趕來見識這把胡琴。

其實，陳子昂哪裡會彈這種來自西域的樂器？他只不過想要藉此把大家的注意力吸引到自己身上而已。

他手提胡琴，正襟危坐，裝著要彈琴的樣子。看著人已經聚集了不少，每個人都眼巴巴地等待他彈奏美妙的音樂。

陳子昂將琴舉起，朗聲說道：「蜀人陳子昂，自小飽讀詩書，熟知經文，自以為在下的文章還過得去，只不過暫時沒有人賞識罷了！彈琴奏樂，是卑賤的樂工應該擅長的技術，我輩文人難道一定要精通嗎？」說完，就將這把價值百萬的胡琴往地上摔得粉碎。

當眾人還在處於驚疑的狀況下時，陳子昂就把他的詩文手稿取出，贈送給這些圍觀的人。人群中那些精通詩文的文人學士，看了他的詩文後，無不稱讚：「好詩！真是絕妙好詩！」

陳子昂的才名因此不脛而走，一下傳遍了整個京城。

不久之後，這件事傳到女皇武則天耳裡，她親自閱讀了陳子昂的詩，知道了這位有膽識的蜀中青年，於是在金鑾殿中接見了他，並授官錄用。

陳子昂摔琴揚名，可謂爲現代廣告學中「炒作」的鼻祖，但是這種不破不立的勇氣值得我們學習。

捨得花費百萬錢，摔百萬琴，卻能換得名滿天下，陳子昂可謂是做了一樁好買賣。

將力量蓄積，等待高飛時機

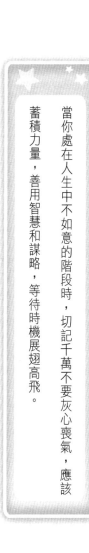

當你處在人生中不如意的階段時，切記千萬不要灰心喪氣，應該蓄積力量，善用智慧和謀略，等待時機展翅高飛。

在每個人一生的事業中，時勢有利有不利。當時勢對你有利的時候，不妨「春風得意馬蹄疾，一日看盡長安花」；當時勢不利於你時，就需要韜光養晦，以保全身，等待下一次機遇的來臨。

「大丈夫能屈能伸」，只能在順風暢流的情況下揚帆前進，不能在頂風逆水的情況下跋涉前行的人，算不上大丈夫、眞男兒。

如果問劉邦和項羽兩個人誰是眞的大丈夫，十個人裡面有九個會選擇「力拔山兮氣蓋世」的項羽，而不會選擇那個一副流氓氣的劉邦。

但是，「我是流氓我怕誰」，正是因爲劉邦具有這種流氓氣魄，使他成爲了一個蒸不爛、煮不熟、捶不扁、炒不爆銅豌豆一般的厲害角色。項羽雖然在外形和力氣上具有英雄般的氣質，但是在內心和精神上卻沒有一個英雄應該具備的堅強。

談到劉邦的能屈能伸，就不能不提起著名的「鴻門宴」。

當時項羽擁四十萬軍隊，又是才在鉅鹿之戰擊敗秦軍的虎狼之師，反觀劉邦只有十萬軍隊，而且還未經歷過艱難戰役的考驗。劉邦在當時如果選擇和項羽硬碰硬，等於是以卵擊石、有去無回。流氓一向最擅於見風轉舵，劉邦很快就決定採取暫時忍辱負重以迎合項羽的政策。

首先，劉邦透過張良會見了項羽的堂叔項伯，大拍項伯馬屁。然後，他又透過項伯向項羽傳話，說他對項羽絕無二心，之所以登記了官民的戶口，查封了各類倉庫，是專門等著項羽到來查點，而派將守住函谷關，則是為了防備盜賊竄入和意外的變故。

在項伯幫助下，劉邦暫時躲過了項羽原本預定在凌晨所要發起的攻擊。

第二天早上，劉邦帶著手下人來到駐紮在鴻門的項羽軍營，向項羽請罪。劉邦一見到項羽就說：「當初我跟將軍您合力攻秦，您在河北作戰，我在河南作戰（套交情）。我根本就沒想到我能先入關攻滅秦朝，還能夠在這裡又見到您（貶低自己，抬高對方）。現在是因為有小人向您進了什麼讒言，才使得將軍和我之間產生了嫌隙（嫁禍於人）。」

話雖不多，但卻句句奏效，結果項羽立刻沒了怒氣，反而有些不好意思地說：「是你的左司馬曹無傷說的，要不然我怎麼會這樣？」一下子就把「線人」曹無傷的小命給出賣了。

等到宴會開始，范增三番兩次舉起玉玦向項羽示意殺掉劉邦，項羽卻視而不見。范增就叫項莊來舞劍，藉舞劍的機會刺殺劉邦，結果又被項伯起來攔阻。

張良看這局勢發展下去十分不妙，就悄悄地叫樊噲闖帳。樊噲闖進大帳以後，鬥酒彘肩，言之鑿鑿，指責項羽的不是：「沛公如此勞苦功高，不僅沒有得到封侯賞賜，您反而聽信小人的讒言，要殺害有功之人。這是走秦朝滅亡的老路，我認為大王您不會採取這種做法！」

一向性格剛猛的項羽卻似乎十分氣短，只是說：「坐，坐。」

不久，劉邦藉口上廁所逃離了鴻門。

事後，劉邦殺掉了曹無傷，而且接受了項羽的冊封，到漢中當漢中王。後來，劉邦「明修棧道，暗渡陳倉」，殺出關中與項羽爭奪天下，但屢戰屢敗，兩次差點被項羽生擒。

此時，流氓那種死纏爛打的作風又起了關鍵作用。四年以後，終於在韓信、英布、彭越等人的幫助下，於垓下一戰徹底擊垮了項羽。項羽霸王別姬，烏江自刎，將天下拱手讓給了劉邦。

說到劉邦的能屈能伸，還有一件事情可以引為佐證。

劉邦與項羽在滎陽一帶對峙的時候，劉邦方面戰況十分吃緊，而此時已經攻下了黃河以北大片土地的韓信不僅沒有前來增援，反而派人送來一封信說：「齊國這裡的人狡詐多變，反覆無常，南邊又與楚國交界，如果不設立一個暫時代理的齊王來鎮撫，局勢一定不能穩定。為有利於當前的局勢，請允許我暫時代理齊王。」

劉邦看到這封信的時候十分惱火，認為韓信這擺明是在要脅，於是憤怒地罵道：「我在這兒被圍困，日夜盼著你來幫助我，你卻想自立為王！」

張良急忙在桌子底下踢了劉邦一腳，劉邦立刻醒悟過來，又接著罵道：「大丈夫平定了諸侯，要做就做個真王，還做什麼代理的王呢？」然後立刻正式封韓信為齊王。

於是，韓信的軍隊就前來增援了。

這說明，劉邦不僅在面對敵人的威脅時能屈能伸，在面對自己內部的矛盾時同樣可以能屈能伸。就是靠著這種肚量與手段，劉邦最後終於殺掉了韓信，也算報了當年的要挾之仇。

也許是一脈相傳，兩百多年以後，東漢王朝的建立者劉秀也學會了劉邦這種能屈能伸的本事。

王莽託古改制，弄得國家一片混亂，天災人禍接踵而至。不堪忍受的老百姓終於揭竿而起，組成綠林軍、赤眉軍兩支主要的反莽勢力。劉秀和他的哥哥劉縯也參加了綠林軍，並在戰爭中成為主要的將領。

後來，綠林軍的首領們立漢宗室的後人劉玄為帝，這當然會引發同樣是宗室之後的劉秀兄弟產生矛盾。於是，劉玄找了個藉口殺掉劉秀的哥哥劉縯。

劉秀當時剛領導軍隊在著名的昆陽之戰中以少勝多，打敗了王莽軍的主力軍，聽聞哥哥被害的消息，使他悲憤交加。但是考慮到自己的力量還不足以反擊，於是決定忍辱保全自己，以待將來的復仇時機。

他從前線趕回宛城，向劉玄表示謝罪，不僅閉口不談自己在昆陽之戰中的功績，反而不與哥哥的部下交談，甚至不為哥哥服喪。言談舉止和平常一樣，

不曾表露出半點悲傷或者憤慨的情緒。只有在自己獨處的時候，劉秀才黯然不語，枕席上時常有他哭泣過的淚痕。

就這樣，劉秀終於獲得了劉玄的信任，被任命為破虜大將軍。此後，劉秀北渡黃河，擺脫了綠林軍的控制，開始發展自己的獨立力量。兩年以後，劉秀定都洛陽，掃平了割據勢力，建立了東漢王朝。

所謂「尺蠖之屈，以求伸也」，尺蠖這種蟲子之所以總是彎曲身子，是因爲這樣才能夠借助伸展時的動力向前進。同樣，拳頭縮回來是爲了更加有力地擊出，彈簧越是被擠壓，反彈的勁力就越大，暫時的忍辱，能匯集成爲將來奮起時的能量。

因此，當你處在人生中不如意的階段時，切記千萬不要灰心喪氣，應該蓄積力量，善用智慧和謀略，等待時機展翅高飛。

06

用蠻力，不如用腦力

人的智慧是老天賜給我們最大的禮物，

若棄之不用，就像是沒有蠟燭的燈籠，

失去了存在的意義。

金錢買不到的，才最珍貴

我們辛苦了大半輩子，只為賺得大把大把的鈔票，卻拋棄了許多更為重要的東西，最後，會不會有追悔莫及的一天？

我們常說，這世上所有的東西，幾乎都能用金錢買到。俗話說：「金錢不是萬能，但沒有錢卻萬萬不能。」相信這也是許多人奉爲圭臬的準則。

的確，沒有金錢當做後盾，許多理想便沒有實現的機會，一切只能當作空談。但是，除了錢，我們是不是應該還有更重要的事物值得追求呢？

在天下分裂、戰禍頻仍的春秋時代，齊國有個大能人叫管仲，不但把齊國治理得很好，同時也平定了許多原本割據一方的諸侯國。到最後，只剩下楚國仍頑強地不接受齊國的號令，若不能征服楚國，齊桓公就不能成為中原霸主，而偏偏楚國的實力不容小覷，齊國該如何是好呢？

當時，齊國有好幾位大將軍紛紛向齊桓公自動請纓，願意親率重兵攻打楚國，擔任宰相的管仲卻連連搖頭，激動地對大將軍們說：「齊楚交戰，旗鼓相當，勢必會拖延相當長一段時間，不但會耗費掉這些年辛辛苦苦積蓄下的糧草，甚至還可能會弄到生靈塗炭，為兩國無辜百姓帶來災難。」

大將軍們聽後無不啞口無言，只能用詢問的目光注視著曾經多次對國事力挽狂瀾，樹立無數的卓著功勞的管仲，但管仲說完那番話之後，便神情從容地不慌不忙轉身離開，帶著許多人煉銅去，沒有再發表意見。

不久，管仲派了一百多名商人前往楚國購鹿。

當時的鹿是相當稀少的動物，僅有楚國才有，但也只被當作一般的可食動物看待，並沒有值多少錢。

商人們從管仲那兒得到授意，一個個都在楚國到處揚言著：「齊桓公喜好養養鹿，不惜重金，有多少買多少。」並開始大量購鹿，三枚銅幣一頭，過了十天，加價為五枚銅幣一頭。

楚國的楚成王和大臣聞知此事後，頗為興奮，認為繁榮昌盛的齊國即將遭殃。因為，十年前，衛國國君就是因為好鶴而亡國，齊桓公好鹿分明就是重蹈覆轍。楚國君臣於是開始在宮殿裡大吃大喝，打算以逸待勞地等齊國軍心鬆懈，到時就可以坐擁天下。

過不了多久，管仲又下令把鹿價提高到四十枚銅幣一頭，楚人見一頭鹿的價錢竟與千斤糧食相當，紛紛製作獵具，前仆後繼奔往深山去捕鹿，不願再費心耕種，連楚國境內的官兵也陸續將兵器換成了獵具，一有機會就偷偷上山捕獵去了。

一年的時間過去，只見楚地大荒，銅幣卻堆成了山。楚人發現今年根本沒有收成，想用銅幣去買糧食，卻無處可買，原來管仲早已發出密令，禁止各諸侯國與楚通商，違者將受嚴懲。

這麼一來，楚軍人飢馬瘦，戰鬥力大失，管仲見時機成熟，隨即集合八路

諸侯大軍，浩浩蕩蕩開往楚境，一路上所向披靡、勢如破竹。楚成王眼睜睜看到自己內外交困，無可奈何，連忙派大臣求和，同意自己今後不再割據一方，欺凌小國，並且誠心接受齊國的指揮。

管仲不動一刀，不殺一人，就制伏了本來聲勢強大的楚國，擴張霸業的同時，也為全天下贏得了一段時間難得的安定。

在這個故事裡，楚國的農夫不事耕作，兵士不思衛國，都只想要到深山裡去捕鹿，賺一筆大錢，卻忘記了自身背負著更重要的天職，不過一年的時間，糧食生產就出現危機，軍事的力量也巨幅衰退。因爲大家都被滿腦子貪財的意念蒙蔽了，一旦發財如此容易，彷彿一蹴可及，誰還會願意到田地裡辛勞耕作？誰還想要辛苦執干戈以守衛國家？

但是，看看結果，每個楚國人都賺飽了口袋，銅幣堆積成山，但是田地已荒廢、兵馬已虛弱，等到其他諸侯大軍壓境，空有這些錢又有什麼用？它換不來糧食、換不來戰爭的勝利。個人賺飽了錢，卻丟了國、丟了家，等到事後追悔，就算能省悟到過往的糊塗，但卻早已錯失了時機。

同樣的，我們辛苦了大半輩子，賭上人生最美好的一段時光，只爲了賺得大把大把的鈔票，卻拋棄了許多更爲重要的東西，譬如健康、時間或理想，最後，會不會有追悔莫及的一天？

這個世界上有什麼是比金錢更重要的？相信你的心中已有答案。如果我們手中擁有比金錢更具價值的寶物，那麼，不論爲了什麼理由，千萬不要輕易放棄，許多用錢買不到的東西，正是人世間最珍貴的事物。

忠言逆耳，但仍要虛心接受

英國學者培根曾說：「最能保人心神健康的預防藥，就是朋友的忠告勸諫。」規勸他人不容易，接受他人忠告的雅量更難培養。

清初學者唐甄有句名言：「直言，國之良藥；直言之人，國之良醫。」一個能夠在重要的時機，告訴我們正確的話，不因爲身分、利益等種種考量而打折扣的人，便是我們應該好好珍惜，不可多得的良師益友。

不論是身爲平凡的市井小民，抑或是位居高位的決策管理者，只要是爲我們好的話語，都是必須靜心傾聽的最佳意見。

中國古代宮廷中，有一批專門表演歌舞的藝人，儘管他們地位卑賤，但是往往多才多藝，幽默機智，常常能用談笑方式婉轉地對君王進行規勸，楚國人優孟便是其中的佼佼者，富有辯才，進宮沒多久，就深受楚莊王的喜愛。

當時，楚莊王有一匹千里馬，他給馬穿上用華美錦緞做成的衣服，安置在雕樑畫棟的房子裡，用沒有帷帳的床給牠做臥席，還拿蜜餞棗乾來餵養。誰知這匹馬生來不是富貴命，很快便得了肥胖病而死。楚莊王十分傷心，吩咐臣子們替馬治喪，想用棺木盛殮，依照大夫的禮儀安葬，周圍近臣聞訊紛紛勸阻，楚莊王大為惱怒，下令說：「有誰敢再對葬馬的事進諫，就當場處死。」

優孟聽到這件事，走進殿門，仰天放聲大哭，楚莊王上前詢問原因，優孟說：「憑楚國現在的國力，有什麼做不到的？這匹馬既然是大王所鍾愛的，卻只按照大夫的禮儀安葬牠，實在太微薄了，請用安葬君主的禮儀安葬牠吧！」

見楚莊王一臉不解，優孟繼續道：「請大王用雕刻了花紋的美玉做內棺，有花紋的梓木做外槨。還要發動戰士挖掘墓穴，年邁體弱的人則背土築墳。除此以外，發喪時，齊國、趙國的代表要在前陪祭，韓國、魏國的代表在後守衛，再蓋一座廟宇用牛羊豬祭祀，撥個萬戶的大縣供奉。如此一來，天下人便都明白大王對馬的重視遠勝於人了！」

莊王一聽，頓時省悟自己的愚蠢，流了滿身冷汗，著急地說：「我的過失竟然到了這個地步，那該怎麼挽救呢？」

優孟回答：「讓我替大王用對待六畜的辦法來安葬牠。築個土灶做外槨，拿口銅鍋當棺材，以姜棗來調味，用木蘭來解腥，稻米作祭品，火光作衣裳，把牠安葬在人們的胃腸裡。大王以為如何？」

莊王連連點頭，聽從了優孟的建議，把死馬交給主管宮中膳食的太官。

相國孫叔敖幫助楚莊王治理國事，頗有政績，楚莊王也十分看重，可是他逝世後，楚莊王卻忘了他的功勞，對於遺族的生活也不予照顧。優孟知道了這件事，便穿戴著孫叔敖的衣冠，模仿其神態，走到楚莊王身前祝壽，莊王大驚，以為孫叔敖復生，趕忙開口請求他再作相國。

優孟卻說：「楚國的相國千萬做不得，像孫叔敖那樣，盡心竭力為楚國效勞，楚王因此稱霸，死後兒子卻只能靠打柴餬口。」優孟接著脫下孫叔敖的衣裳，唱起歌來：「貪官污吏享榮耀，子孫不愁窮，有的是民脂和民膏。公而忘私就糟糕，且看楚國令尹孫叔敖，苦了一生，身後蕭條，子孫沒著沒落沒依靠。勸你不必做清官，還是貪官污吏好！」

楚莊王聽後，又是感動又是羞愧，馬上下令封贈孫叔敖的遺族。

英國學者培根說：「最能保人心神健康的預防藥，就是朋友的忠告勸諫。」

楚莊王與優孟之間雖然有主僕名分相隔，但由以上兩則故事來判斷，我們可以說，楚莊王最忠實的朋友，優孟當之無愧。

忠言總是逆耳，而且，最需要忠告的人，往往最不喜歡接受忠告。當別人基於善意出言勸告的時候，我們是否也曾因爲固執、好面子、不願意承認錯誤、短視近利……等等因素而將他們拒之門外嗎？

規勸他人不容易，接受他人忠告的雅量更難培養。可以好好思索，如果楚莊王沒有像優孟這樣一位好的「直言者」，他將會犯下多少錯誤？

用蠻力，不如用腦力

人的智慧是老天賜給我們最大的禮物，若棄之不用，就像是沒有蠟燭的燈籠，失去了存在的意義。

曾寫過《戰爭與和平》的俄國作家列夫．托爾斯泰曾在他的著作中提到：

「沒有智慧的頭腦，就像沒有蠟燭的燈籠。」

在人生的道路上踽踽行走，面前卻出現了一道再怎麼努力也無法跨越的巨大鴻溝時，應該怎麼辦？

什麼樣的能力，才能化不可能爲可能、化無用爲有用？

什麼樣的能力，才能創造出以一敵百、以小搏大、以弱勝強的奇蹟？

戰國時代，孫臏是齊國將領田忌的門下食客。主客二人經常切磋，討論兵法時事，互視對方為知己。

有一次，田忌垂頭喪氣地從外面回來，誰也不搭理，獨自坐在屋中生悶氣。孫臏感到十分納悶，便向田忌身邊的侍衛打聽原委。

原來，田忌很喜歡賽馬，當天上午，他和齊威王約定進行一場比賽，兩人商量好，把各自的馬分成上、中、下三等，比賽的時候，上馬對上馬，中馬對中馬，下馬對下馬，由於齊威王每個等級的馬都比田忌的更強，所以田忌全軍覆沒，輸得灰頭土臉。

孫臏聽完之後，臉上露出笑容，走到田忌身旁，對他說：「不要氣惱了，再比一次，你一定贏。」

田忌疑惑地看著孫臏，問：「你是說另換一匹馬來？」

孫臏大笑：「連一匹馬也不需要更換。」

田忌仍是毫無信心地說：「那還不是照樣得輸？」

孫臏卻胸有成竹，要田忌按照自己的安排辦事。

第二天，田忌去找齊威王，要和他再決勝負。齊威王早早來到賽場，心裡不住盤算著到時要怎樣譏諷屢戰屢敗的田忌。田忌因為有孫臏做軍師，同樣信心十足，臉上充滿勝利在握的笑容。

一聲鑼響，比賽開始。孫臏先以下等馬對齊威王的上等馬，輸掉了第一局。接著進行第二場比賽，孫臏拿上等馬對齊威王的中等馬，獲得一局勝利，齊威王開始感到有些心慌意亂。

第三局比賽，孫臏以中等馬對齊威王的下等馬，又戰勝了一局，累積三戰兩勝，奪得了最終的勝利。只是調換出賽的順序便得到完全不同的結果，這回，輪到齊威王目瞪口呆、氣惱不已。

維吾爾族有句諺語：「有駱駝大的身體，不如有鈕釦大的智慧。」

這句話告訴我們，沒有智慧的蠻力，根本毫無價值可言，換言之，只要你懂得運用智慧，那麼你將會恍然發現，有時候，看不見的「智力」要比看得見的

「武力」更可以發揮料想不到的作用。

以下駟對上駟、上駟對中駟、中駟對下駟，可說是軍事天才孫臏的不朽計謀，其智計過人，由此可見一斑。

這個故事同時告訴我們，只要能好好運用智慧，從中創造出來的成果，甚至可以用「不可思議」來形容。

打不過就不要蠻幹，而是要以智取；辦不到也別硬撐，仍然要憑智謀。人的智慧是老天賜給我們最大的禮物，許多難題的解答，事實上早已隱藏在我們的頭腦裡，所缺少的，很可能只是靈機一動開啓大門的那把鑰匙。

誠如托爾斯泰所言，天賦的智慧，若棄之不用，就像是沒有蠟燭的燈籠，失去了存在的意義。當我們遇到無法解決的難題，不妨多動動頭腦，或許，答案就在不遠的前方。

聽多奉承，小心看不見真相

如果我們聽到的只有誇獎，那麼當行為有差池時，又有誰能及時阻止，提醒我們修正自身的錯誤呢？

「世界上沒有比說真心話更困難的事，但也沒有比阿諛奉承更容易的事。」這是俄國文豪杜妥也夫斯基的名言。

阿諛奉承，是想要在職場、官場上左右逢源、八面玲瓏、橫行無阻，所不可或缺的必備伎倆。

明朝作家馮夢龍也這樣感嘆：「阿諛人人喜，直言個個嫌。」要想擺脫這種人人都會犯的毛病，可不是一件容易的事。

鄒忌是戰國時代齊國著名的美男子，令人羨慕的是，他不僅外表英俊瀟灑，而且擁有治國安邦之才，被齊威王任為國相。

一天早上，鄒忌穿好衣服，戴上帽子，對鏡整理儀容，妻子從身邊走過，鄒忌攔住妻子，問道：「我跟城北的徐公，哪一個俊美？」妻子想也不想便回答：「這還用說，當然是你俊美，徐公哪裡比得上你呀！」

住在臨淄北邊的徐公，同樣是全國公認的美男子，齊國的人們往往將這兩人相提並論。鄒忌覺得妻子的話未必可信，於是再扭過頭去問小妾：「我跟徐公，誰比較漂亮？」

小妾嫣然一笑，道：「徐公哪裡比得上您！」

第二天，有位遠道而來的客人登門拜訪，鄒忌突然問他：「我和徐公，你覺得誰更英俊些呢？」

客人哈哈大笑，連忙說：「徐公當然不如你啊！」

有一天，徐公因為有事，親自來到鄒家，見了徐公本人，鄒忌自認遠遠不如對方。當晚，他輾轉反側，不斷思考，終於明白了一個道理。

第二天，鄒忌上朝去，對齊威王說：「我知道自己外貌確實不如徐公，可是因為我的妻子偏愛我，我的妾害怕我，我的客人有事相求，所以都說我更俊美一些。如今齊國有國土一千多里，城池一百二十座，王后、王妃和左右侍從沒有不偏愛大王的，朝廷上的臣子沒有不害怕大王的，全國人民沒有不想求得大王恩賜的，由此看來，您受到的蒙蔽一定比我還嚴重得多。」

齊威王聽後，拍案擊掌，連聲說道：「說得好！說得好！」

不久後，齊威王下了一道命令：「各級大小官員和老百姓能夠當面指責我的過錯，得頭等獎賞；書面規勸我，得二等獎賞；能夠公開評論我的過錯並讓我聽到的，得三等獎賞。」

命令一下達，許多大臣立刻前來進言規勸，毫無顧慮，把宮門和院子擠得熱鬧非凡。幾個月之後，進諫的人明顯少了，偶然才有一兩個出現。一年以後，即使有人一心想規勸，也沒有什麼可說的了。

別人不肯對我們吐露實話的原因有很多，可能是因爲愛、因爲害怕、因爲別有所求……等，因而選擇將眞心話隱藏，只挑我們愛聽的好話來講。

這本是人之常情，不過卻不能不注意。如果我們聽到的只有誇獎，那麼當行爲有差池時，又有誰能及時阻止，提醒我們修正自身的錯誤呢？

齊威王能採納鄒忌的諫言，並付諸實行，相當難能可貴。由一開始的門庭若市，可以看出其實有許多人對齊威王並不滿意，但一年後，幾乎找不到可以再提出改進的地方了，我們可以肯定地說，這一年之間，齊威王在治理國家上，必定有了長足進步。

我們是不是也能像齊威王一樣，拿出同樣的氣度，勇於向他人請教自己的不足之處，並心存感激？

班門弄斧，無異自取其辱

當你在比自己更睿智的人面前，大言不慚地誇耀自己時，你的格調、學問，又會被打上什麼樣的分數呢？

英國作家布爾沃．利頓說過：「當你與半智半愚者談話時，不妨說些廢話；當你與無知者談話時，不妨大肆吹牛；當你與睿智者談話時，就該非常謙恭，而且要徵詢他們的看法。」

在睿智的人面前賣弄口舌，無異自取其辱，不過，卻常常有人這麼做。或許是因爲睿智的人總是擁有最平凡的外表，或許是因爲當一個人自信滿滿時，就掂不清楚自己的分量。

總是有太多人不明白這個道理，忍不住逞口舌之快，以爲表現了自己的聰明能幹，卻不知這反而是自曝其短。

晏子，名嬰，是春秋時代齊國重臣，以口才出眾、思維敏捷聞名。

一次，齊王派晏子出使楚國，楚人得知後，便打算侮辱他。因為晏子身材十分矮小，楚國人就在城門旁邊特意開了一個小門，請晏子從小門中進去。誰知晏子根本不吃這一套，對守城的士兵說：「只有出使狗國的人，才從狗洞中進去。今天我出使的是楚國，應該不是從此門入城吧？」

守城官兵聽後，趕緊請晏子從大門進入。

晏子來到楚國宮廷，拜見楚王，楚王看到矮小的晏子後，哈哈大笑，狂妄地說：「齊國恐怕是沒有人才了吧？」

晏子回答：「齊國首都臨淄有七千多戶人家，人挨著人，肩並著肩，展開衣袖可以遮天蔽日，揮灑汗水就像下雨一般，怎麼能說齊國沒有人呢？」

楚王反問：「既然這樣，為什麼派你這樣一個人來做使臣呢？」

晏子氣定神閒地回答：「齊國派遣使臣，有一定的準則，賢明的人就派遣出訪賢明昌盛的國家，無能的人就派遣出訪落後蠻荒的國家，我是最無能的人，所以只好出使楚國了。」

楚王聞言，滿臉尷尬。

幾個回合過招下來，楚王感覺到眼前這個其貌不揚的使臣絕非泛泛之輩，於是稍微降低了自己的傲慢姿態，請晏子喝酒，順便打聽一些有關齊國的事情。正當喝得酣暢淋漓之際，有兩名公差押著一個罪犯來到楚王面前。

楚王看到公差向自己走來，便大聲問道：「綁著的人是幹什麼的？」公差回答：「他是齊國人，犯了偷竊罪。」楚王於是得意地看著晏子，不懷好意地問道：「齊國人本來就善於偷東西嗎？」

晏子聽後，從席位上站起來，嚴肅地回答道：「我聽說過這樣一件事，橘樹生長在淮河以南的地方就是橘樹，生長在淮河以北就變成枳樹，葉片形狀雖然相像，果實的味道卻完全不同。為什麼會這樣呢？是因為兩地的水土條件不相同啊！這個人當初居住在齊國不偷東西，一到了楚國反而成了小偷，應當是楚國的水土影響了他吧！」

楚王聽後，難堪地說不出話來。

晏子雖然個子小，但他的智慧卻遠勝楚國眾多王孫公侯，楚王不明白應該在睿智的人面前虛心求教的道理，反倒想要羞辱晏子，結果卻是鬧了千古大笑話。回頭看看，在我們身邊，不也正是充滿了像楚王這樣子的人嗎？

這些人滔滔不絕地說著自以爲聰明的話語，不理會面前的人究竟是何等人物。當你在比自己更睿智的人面前，大言不慚地誇耀自己時，你的格調、學問，又會被打上什麼樣的分數呢？

《聖經》裡有這樣一句話：「多言多語難免犯罪，約束嘴巴便是智慧。」同樣是在告訴我們，要適時約束自己的口舌，不該說的話不要說，不明白的事不要誇口，這才是眞正的智慧表現。

善用同理心，才能提高成功率

想要說服一個人，讓別人理解自己的想法之前，必須先將自己放在跟他一樣的地位、一樣的處境。

你曾經碰過很難溝通的人嗎？

他們或許脾氣剛硬、個性固執、自尊太強、防備心太重……因爲許多不同的原因，讓我們很難親近他們。

既然難以親近，當然更別提要與他們溝通、商量，甚至合作了。

這樣的人，有可能就是我們的長輩、上司、鄰居、親戚……他們不聽人言，只照自己的想法行事，有的時候，眼看就要犯下錯誤，身邊的人卻沒有辦法加以勸阻，因爲別人說的話，他們根本就聽不進去。

這樣令人苦惱的情況，到底有沒有改善的可能？

公元前二六五年，秦國出動大軍進攻趙國，趙國向齊國求救，齊國卻提出要求，必須以長安君作為人質，否則不願出兵相助。此時趙國由太后掌權，她堅決不同意，大臣們極力勸進，太后十分惱怒，明確告訴左右：「有誰再敢說讓長安君做人質的，老婆子一定朝他的臉吐唾沫。」

趙國的左師觸龍聽聞這消息，提出要求希望謁見太后，太后猜想他必定是為人質之事而來，於是怒容滿面地等待。

觸龍並沒有提出長安君當人質的事，只提出一個私人請求：「老臣的劣子舒棋，年紀最小，是個不肖之子。臣老了，偏偏又很疼愛他，希望能派他到侍衛隊裡湊個數，保衛王宮，所以冒著死罪來向您請求。」

太后說：「沒問題，年紀多大了？」觸龍回答：「十五歲了，雖然還小，但希望在老臣沒死前先拜託給太后您。」

太后聽了，忽然問道：「做父親的也疼愛小兒子嗎？」

觸龍答道：「比做母親愛得更深。」

太后笑道：「婦道人家才特別喜愛小兒子。」

觸龍聽了卻反駁說：「但是，依老臣個人的看法，太后您愛女兒燕后，可要勝過長安君啊！」

太后連忙說：「你這麼說可就錯了，我對女兒雖疼愛，總比不上對長安君的用心良苦呢！」

觸龍微笑著說：「父母既然愛子女，就要為他們考慮到長遠一些的將來。當年老太后送燕后出嫁時，抱著她的腳哭泣，因為此去一別千里，無法不傷心。離別以後，日日想念，但儘管如此，每逢祭祖，您總是說：『保佑燕后，一定別讓她回來啊！』這難道不是從長遠考量，希望她能得寵，有子孫，從此代代在燕國為王嗎？」

太后點點頭說：「確實如此。」

觸龍又說：「當年趙氏建立趙國的時候，趙國君主的子孫是凡被封侯的，後代至今還有能繼承爵位的嗎？」

太后搖頭：「沒有。」

觸龍再問：「不只是趙國，其他諸侯國的子孫呢？」

太后想了想道：「沒有聽說過。」

觸龍點頭說：「這是為什麼？難道是君王的後代子孫全都不成材嗎？地位高人一等卻沒什麼功績，俸祿特別優厚卻未曾有所操勞，這才是真正的不好。現在老太后授長安君以高位，把富裕肥沃的地方封給他，又賜予大量珍寶，卻不曾想過讓他對國家做出功績，有朝一日太后百年，長安君能憑什麼使自己在國內安身立足求發展呢？老太后為長安君考慮得太短淺了，未曾顧及到未來，所以我認為您對他的愛，還不如對燕后來得深啊！」

太后頓時恍然大悟，馬上命人套馬備車一百乘，送長安君到齊國去做人質，果然，長安君一到，齊國也就出兵了。

與其他人站在同一個高度，你才能看見他所看見的東西，也才能進一步去

思考他所思考的問題。觸龍爲小兒子謀福利，說明爲人父母的心情，這時，他已經把自己放在跟太后相同的位置上了。他們一樣憂心自己兒女的未來，這共通點，使得太后忘記了之前撂下的狠話，而能夠敞開心胸傾聽。

想要說服一個人，使別人理解自己的想法之前，必須先將自己放在跟他一樣的地位、一樣的處境。觸龍之所以能讓太后答應派親生兒子長安君到齊國去做人質，正是因爲他以爲人父母的觀點切入話題，才讓固執的太后起了共鳴。

這樣的做法，不但不易招來對方的不快，反而能因爲彼此的共通點，拉近距離，提高所要求事情的成功率。如果能做到這一點，相信遇上再難溝通的對象，都不至於是「不可能的任務」了。

實事求是，才能破除迷信

我們會對未知的事物感到害怕，而這種害怕的情緒，便會成為弱點。不知所措、脆弱動搖的時候，最容易為他人所乘。

古羅馬時代的哲人盧克萊修曾經對世人提出這樣的告誡：「心靈中的黑暗必須用知識來驅除。」

人心總難免有個隱閉角落，在那裡，神秘的力量支配一切。或許是因爲人力有限，無法用現有的智慧解決一切困惑，一旦遇上了超乎常理的事件，就會想藉助超自然的力量解釋或排除。

不過，這樣子的想法，卻也常常遭到有心人士的誤導與利用。

西門豹是戰國時代魏國人。魏文侯時期，奉派前往鄴縣擔任縣令。

西門豹一到鄴縣，便發現那裡人煙稀少，滿目荒涼，於是不解地詢問當地老百姓景況為何如此。

一位老爺爺嘆了口氣對西門豹說：「都是因為河伯娶媳的關係。河伯是漳河的神，每年都要娶一個年輕漂亮的姑娘，要是不照做，漳河就要發大水，把田地、村莊全淹沒。」

西門豹問：「新娘子是從哪兒來的？」

老爺爺連連嘆氣：「哪家的閨女年輕，長得漂亮，巫婆就帶人去搶。家境不錯的人家花點錢還可以打發過去，沒錢的窮苦人家可就倒楣了。到了河伯娶媳婦那天，先將姑娘打扮一番，讓她坐在葦席上，放到河裡，順水流去。葦席開始還能在水上漂，過沒多久就連人一起沉下去了。有閨女的人家因為害怕，全都攜家帶眷搬到外地去，這裡的人口就越來越少，越來越窮。」

西門豹疑惑地問：「難道河伯娶完媳婦，漳河就不發大水了嗎？」

老爺爺搖搖頭，回答：「還是發，但巫婆說幸虧每年已經給河伯送媳婦，要不然還會更嚴重。」

西門豹聽到這，心下已經明白是怎麼一回事，但表面上仍不動聲色：「看來河伯還真靈！下回他再娶媳婦，記得告訴我一聲，我也去送送新娘。」

不久，到了河伯娶媳婦那天，河岸上擠滿了人，西門豹也帶著幾個手下前來，巫婆和地方上的幾個管事人急忙迎接。巫婆已經七十多歲了，背後卻還跟著十來個穿著妖艷的女徒弟。

西門豹說：「把新娘領來讓我看看長相吧！」

一會兒姑娘被領來，西門豹低頭一看，那女孩哭得滿臉淚水，便回頭對巫婆說：「不行，這姑娘不漂亮，怎麼夠格當河伯的妻子呢？麻煩巫婆您下河通報一聲，就說我們會另外選個漂亮的，過幾天就送去。」說完，叫手下抓起巫婆，投進了漳河裡。

等了一會兒，西門豹又說：「怎麼還不回來？動作太慢了，叫個人去催一催。」又抓起一個徒弟投進河裡。

過了一陣子，又將另一個徒弟也推進河裡。

再等了好一會兒，仍是沒有動靜，西門豹說：「看來這些女人辦不了事，麻煩地方上的管事去向河伯解釋吧！」說著又要叫手下們把管事扔進漳河。

這些地方上的管事人，一個個嚇得面如土色，連忙跪地求饒，一五一十地把他們和巫婆聯手騙錢的詭計全招了出來。

這下子老百姓恍然大悟，從此，再也不提為河伯娶媳婦的事了。西門豹發動縣民開鑿十二條大渠，把漳河之水引到田間，灌溉莊稼。此後，鄴縣年年豐收，老百姓因此能夠家給戶足，也不擔心受怕了。

神棍害人，不只存在於數千年前，放眼看去，今日社會亦然。騙錢騙色的花招百出，上當受騙的，不只是一般的愚夫愚婦，很多時候，連一些高學歷知識分子，同樣逃不出這些騙子布下的陷阱。

如果我們能用清晰的頭腦冷靜思考，從常識來判斷，其實，那些人力所不能及的未知世界，並不眞的如想像那般令人畏懼。

人類天生會對未知的事物感到害怕，而這種害怕的情緒，便會成爲弱點。當我們不知所措、脆弱動搖的時候，也就是最容易爲他人所乘的時候，要破除這樣的弱點，唯一的方法便是磨練自己的膽識、歷練。如此，當面臨騙局的時候，才能戳破不實謊言，全身而退。

07

別將好心用在惡人身上

即使我們的出發點是良善的，

萬一幫助了不該幫助的人，

最後受害的可能不只是自己，

還有許許多多無辜的人呢！

拋開偏見，才能顧全大局

若要為大局著想，便得把個人恩怨放在一旁。如果人人都斤斤計較彼此的仇怨，只會讓原本已經出現罅隙的團體更加分裂。

假設你身爲一位經理，公司要將一個非常重要的職務，交給某個你十分不欣賞的人來擔任，並告訴你已經沒有別人比此人更適合的時候，你會如何反應？是允許？抑或反對？

張所，字叔夜，南宋高宗時曾經上書斥責當時的宰相黃潛善，兩人因此結下不解之怨，後來便被黃潛善藉故貶至江州。

當時宋朝正和金國交戰，以韓世忠、李綱為首的主戰派力主必須一舉擊退金國的侵略，否則遺患無窮。

當時，河北正處兩國交界，連年的戰亂導致民不聊生，如果此處不設法穩固，金國的兵馬將長驅直入揮軍中原，必會危及首都。經過朝議，宋高宗決定授權禮部尚書李綱，選擇一人為河北宣撫司使，專門掌管河北軍務。

李綱左思右想，經過良久考慮後，覺得只有一個人能夠勝任此職，那就是因上書斥責黃潛善而被貶官江州的張所。李綱深知張所為人性情剛烈，不可能向敵軍屈服，又善於領兵作戰，是河北軍務最適宜的負責人選，可是由於張所和宰相黃潛善素有嫌隙，李綱便不敢擅自做主，深怕因此得罪當朝宰相，但是軍情緊急，又拖延不得。

過沒幾日，李綱在路上遇到黃潛善，邀他到家中喝酒談心，黃潛善欣然前往。酒過三巡之後，李綱終於委婉開口：「黃丞相，如今金國大兵壓境，河北危在旦夕，國家處境非常艱難啊！大宋江山弄不好會淪落到異族手裡。我們身為朝廷大臣，肩負著天下安危的重任，各地的士大夫們卻個個只求自保，不願意應召前來為國家效力。上次朝廷決議設置河北宣撫司，下官曾和不少人提及此事，但可嘆的是竟沒有可用之才願意前往就任。」

黃潛善說道：「這的確是個大問題，河北乃中原門戶，一旦落入敵方手裡，我大宋江山便岌岌可危了。宣撫司一職，你心目中可有合適人選？」

李綱見黃潛善有意討論此事，機不可失，便趕緊說道：「只有一個人能夠勝任，就是張所。他曾經因為狂妄自大，出言不遜而冒犯過黃丞相您，但現在形勢緊迫，實在不得不任用。要是將他派至河北擔任宣撫司一職，一則替大宋朝守住門戶要地，一則冒死立功以贖罪過，不知黃丞相您意下如何？」

黃潛善一聽，也覺得李綱言之有理，欣然點頭同意。

若要爲了大局著想，便得把個人恩怨放在一旁，就算有天大的仇恨，也得暫時忘記。如果人人都斤斤計較於彼此間的虧欠與仇怨，只會讓原本已經出現罅隙的團體更加四分五裂。

就像是同住在一棵樹上的動物，要是彼此只顧著惡鬥，如此越演越烈，惡化下去，等到有一天大樹倒了，生活在上面的所有生物便將統統失去賴以維生的憑依，等到那時再懊悔昔日的糊塗與狹隘心胸，已經沒有任何意義。

李綱是一位敢於直言且富溝通技巧的忠臣，除了敢說實話，不怕被怪罪，更難能可貴的是將一件事娓娓道來，分析得清楚明白，讓黃潛善即刻體認到其中利弊所在，殊爲不易。

放眼周遭，我們身邊除了充斥著說話尖刻、得理不饒人的「毒舌」型人物，也不乏長袖善舞、說話八面玲瓏的「公關」式嘴臉，但就是不容易找到兩者兼得的人才。如果我們是上述的其中一種類型，不妨學學另一種人的優點，爲自己的處世智慧多多加分。

瓦相尊重，才能創造「雙贏」

很多事情本來就是一體之兩面，無對錯之分，要注意的，不過就是取得「尊重自己」與「尊重他人」兩者之間的平衡罷了。

有一種人驕傲自大，思考時總是以自己爲立足點出發，很少顧慮到其他人的想法。這種唯我獨尊的態度，換句話說，就是太過「自我中心」。

有另一種人，事事遷就他人意見，自己拿不定主意，不是瞻前顧後，便是畏首畏尾。面對這種人，我們便會認爲他「自信不足」。

在思考這兩種不同的對比前，先看一個有關「自尊」與「尊重」的故事。

北宋時期，遼國的實力已經非常強大。

宋朝皇帝很畏懼遼國，畢竟他們兵強馬壯，實力不容小覷，一旦開戰，大宋勢必元氣大傷。與此同時，宋朝北部的金國也日漸強盛，如果遼金聯合一同打宋，或者金趁遼宋相爭的機會坐收漁翁之利，那大宋的江山就難保了。

形勢如此不利，大宋皇帝認為，最好的辦法就是先穩住大遼，於是派大臣蘇子容出使遼國，以促進兩國友好關係。

蘇子容領命，很快帶上大隊人馬，押運著十多車金銀珠寶、蠶絲衣物，浩浩蕩蕩往遼國出發了。到達目的地時，正好遇上遼國的冬至。

按照當時的曆法，宋朝的冬至要比遼國來得早，相差了正好一天。

蘇子容來到大遼，安頓好後稍做梳洗，便前去拜見大遼皇帝。大遼皇帝很是傲慢，對蘇子容根本不屑一顧，但蘇子容還是恭恭敬敬地行禮，說明自己前來的目的，沒有因為對方的態度而顯露出絲毫不悅神色。

這時，有大臣前來稟報，冬至慶典即將開始，請遼國皇帝前往觀禮，皇帝於是邀蘇子容一同前去。

慶典很是熱鬧，有各種歌舞、雜技演出，好不精彩，大遼皇帝不住拍手叫好之餘，意味深長地瞄了蘇子容一眼，得意地問：「蘇大人，你看我們冬至的慶典不錯吧？可是我聽說，你們大宋的冬至要比我們早一天，不知道哪一種曆法才正確呢？」

蘇子容知道這是大遼皇帝有意刁難，如果自己說宋朝的曆法對，就等於否定了遼國的曆法，對方肯定不會高興，這一趟出使目的將無法達成，可是又不可能為此討好對方而否定自己國家的曆法，讓人笑話。

想到這，他忽地靈機一動，從容答道：「每個國家在制定曆法時，因為風土氣候相異，採取了不同的方法來計算時間，所以難免有早有晚、有先有後。事實上，只要根據本國曆法行事就可以了，根本無所謂對錯啊！」

大遼皇帝聽了這番不卑不亢的回答，相當欣賞，馬上改變了之前傲慢的態度，視蘇子容為尊貴的客人。

很多事情本來就是一體之兩面，無對錯之分，要注意的，不過就是取得「尊重自己」與「尊重他人」兩者之間的平衡罷了。

蘇子容的答案能夠博得大遼皇帝的好感與欣賞，是因爲他身爲求和使節，卻還能夠在不得罪對方的前提下，不過分貶低或膨脹自己，而是以自重且彼此尊重的態度，尋求平衡，這是相當不容易的。

尊重他人並不代表必須貶低自己，要讓別人尊重你，更不需要貶低他人。

唯一的正確態度，是同等地尊重他人與自己，這樣才能夠在「人」與「我」之間找到一個平衡，以不自我膨脹，也不自貶自卑的態度，泰然面對這個世界上所有接踵而來的挑戰。

天賦異稟，也需要精益求精

所謂的「天才」，絕不只是憑靠天賦就能超越常人。倘若不願意花工夫琢磨，好劍成不了利劍，好弓也成不了良弓。

享譽中國近代文壇的傑出作家魯迅在面對別人的羨慕眼光時，曾經這樣回答：「哪裡有天才？我是把喝咖啡的功夫都用在工作上了。」

社會上有許多功成名就的人物，我們常常只看見他們光彩的一面，看見那種意氣風發、得意睥睨的模樣，便將他們所得到的成就，全部歸功於老天的青睞或偏愛。然而，事實眞是如此嗎？只靠著天賦，就能夠保證成功嗎？

明朝初年有個神童，名叫季子壯。小小年紀便能熟背四書五經，任何東西過目不忘，稍微給一點啟發便能馬上舉一反三，觸類旁通，再加上吟詩作畫無一不能，沒過多久，名聲就響遍了全國。

他的父親季丘，見到兒子如此有出息，又驚又喜，整天把兒子捧在手心裡，像個神明似的供著，除此之外逢人就誇耀：「你看看我兒子，天下的書，沒有他不懂的；天下的人，沒有誰的聰明才智更勝過他。」

當時有個學者叫莊元臣，曾經做過太子太保，學識淵博，知書達理，是個著名的教育家，和季子壯的父親是多年好友，經常一起飲酒聊天。

他看到季丘如此溺愛季子壯，整天吹噓，卻沒有勉勵兒子繼續用功讀書，就勸季丘道：「賢侄確實天資聰慧，百年難得一見。依我看，應該讓子壯好好用功讀書，培養勤奮好學的良好習慣，同時學會謙虛，尊師重道，這樣才能夠在不久的將來成就一番大事業，為國家出力，為家族爭光。如果只顧四處宣揚誇耀他的長處，忽視對其他各方面的啟發和教育，必然會貽誤孩子的前途，一點好處都沒有。照現在這情況繼續下去，子壯早晚會吃虧的。」

莊元臣的良諫並沒有引起季丘的重視，反而相當不以為然，心下暗想，自己有個好兒子，天資聰穎過人，比同齡孩子強出一大截，當然要好好表揚他；莊元臣沒有這樣的兒子，想必是心生嫉妒了吧！他越想越不高興，便把莊元臣的話當作耳邊風，很快忘得一乾二淨。

此後，整天沉迷在誇耀和讚揚聲中的季子壯幾乎不再學習新知識，只是每天跟著父親四處走親訪友，和別人高談闊論。過了大約十年光景，不求上進的季子壯果真變得和平常人沒有什麼不同，昔日的神童，居然被他的父親「培養」成了一個再普通不過的少年。

驚覺到這個事實，做父親的季丘才想起當年莊元臣說過的話，只好登門求教，莊元臣搖搖頭嘆了口氣：「這並沒有什麼好奇怪的，雖有質地精良的劍，如果不好好加以磨礪，也不可能削鐵如泥；雖然有上好材料製造成的弓，如果不用器具矯正，也無法百發百中。孩子的成長也是同樣道理，子壯小的時候非常聰明，是塊好料子，可是你並沒有好好的培養教育，所以長大以後，他就和別人沒有什麼不同了。」

莊元臣所言，與魯迅所透露的，都是一樣的訊息。我們口中所謂的「天才」，絕不只是憑靠天賦就能超越常人，還需要磨練、需要下苦工培養。倘若不願意花工夫琢磨，好劍成不了利劍，好弓也成不了良弓。

缺乏鍛造，便等同於失去了更進一步、更上一層樓的可能，最後只能與那些俗物、凡物歸爲同類而已。

我們常聽人說「小時了了，大未必佳」這句話，爲什麼小時候很厲害的人，長大後卻變得不怎麼樣呢？那些在小學時成績與行爲表現優秀的學生，長大後便一定能夠出類拔萃嗎？答案當然是否定的。

只靠天資的聰明，不可能持久，如果缺乏努力與實踐的精神，即便是上天賜予如愛因斯坦一般的傲人天分，最後終究難逃一事無成的結果。

勇於嘗試，就能掌握成功的契機

在放棄之前，永遠都有再站起來的機會，但等到舉手投降，就算老天賜給我們多好的良機，我們都已經失去了掌握的能力。

印度詩人泰戈爾曾經在作品中寫道：「如果錯過太陽時你流了淚，那麼你也要錯過群星了。」

一次、兩次，甚至是無數次的失敗，可曾讓你在面對機會時裹足不前、猶豫不決？如果是這樣的話，讓我們一起來讀讀這個故事。

明朝時，蘇州有個名叫文若虛的商人，做什麼生意都虧本，鄉里眾人就給他起了個綽號叫「倒運漢」。

這一年他又賠了錢，心裡悶得不得了，於是打算隨著商船出海，看看海外的風光，紓解一下煩悶心情。臨行前，他拿了朋友送的一兩銀子，買了好幾簍橘子，打算帶在路上當零嘴吃。

這一天，船行到了一個國家，商人們都拿著自己的貨物上岸和當地居民交易去了，文若虛突然想起自己帶上船的那簍橘子，也不知道壞了沒有，趕緊搬出來，攤在甲板上吹風。

橘子紅豔豔的，煞是好看，岸上行走的人見狀全都圍過來，有人忍不住開口問道：「這是什麼好東西，這樣好看？」

文若虛拿起一個橘子掐破就吃，而且吃得津津有味，圍觀的人驚道：「噢，原來是吃的啊！」有個好事的人便過來問道：「多少錢一個？」

文若虛不懂他們的語言，心想一定是在問價錢了，於是伸出一個手指。

那人相當乾脆，馬上掏出一文銀錢買了一個，聞聞撲鼻的香味，忍不住剝了皮，一口塞進嘴裡，甘甜的橘汁頓時填滿了喉嚨，滿意地哈哈大笑：「太美妙了，簡直是人間極品啊！」說完又摸出十幾文銀錢，說是買十個獻給國王。旁人看了相當心動，全都掏錢要買，不一會兒工夫就賣出了一大半。

文若虛看剩下的橘子不多，又那麼受歡迎，就伸出兩個手指，意思是要漲價了，每個橘子兩文銀錢。正在此時，第一個買橘子的人騎著一匹駿馬，飛奔而來，大喊道：「別零賣了，國王說他全都要了。」說著遞給文若虛一個包袱，便連橘子帶簍一起拿走。

文若虛數了數，這一簍橘子竟然賣了一千多文銀錢，約一百兩銀子，簡直是一本萬利的買賣。

不久，其他商人陸續回到船上，聽說了這件事，都說：「倒運漢如今終於要轉運了。」並勸他繼續做這門生意，一定能發大財。

可是，文若虛卻憂慮的想：「我那麼倒楣，每次都是賠個精光，血本無歸。好不容易僥倖賺了一點，還妄想什麼？萬一和從前一樣，再虧了，哪裡還有橘子來賣啊！不行，不幹不幹。」

無論旁人怎樣勸說，他終究還是放棄了這個鹹魚翻身的機會。

經歷過失敗的人，誰不想東山再起？但是，如果是兩次、三次、十次、無數次的失敗之後呢？當挫折取代了成功成為家常便飯，還有多少人能夠一而再、再而三地站起來？

儘管機會之神已經來到門口，許多嚐盡失敗的人往往還是選擇放棄，拿不出再努力一次的勇氣與膽識。

不要輕言放棄。在放棄之前，永遠都有再站起來的機會，但等到舉手投降，再也不抱希望，再也不願努力之後，就算老天賜給我們多好的良機，我們都已經失去了掌握的能力。

彼此不信任，就無法交心

現代社會競爭非常激烈，個人意識的抬頭及生活步調的緊湊，讓我們對彼此更為冷漠疏離，自然就談不上信任與交心了。

在人生路途中，我們一定會遇到過教導我們的師長；在職場上，也一定有些前輩在我們初入社會、對一切都不熟悉的時候，用他們的經驗幫助我們。

若沒有他們的教導，很可能我們不但白費了許多力氣都還達不到預訂的目標，並且在遇到困難時孤立無援，久而久之，甚至會慢慢對工作失去了耐性與熱情！我們難道不該好好地感謝他們嗎？

不過，並非所有的師長都會以無比的熱心幫助我們，也並不是所有的前輩

都會不藏私地傾囊相授……

角力是古代類似今天的摔角的一種比武運動。古時候有一位角力高手，有三百六十種絕招，每逢比武，靈活變化，交替使用，所以，每次出手都各不相同。他最喜歡的是長得英俊的那個小徒弟，於是把自己的本事教給他三百五十九種，只保留一招未傳。

小徒弟力大無比，學成後誰也敵他不過。

後來，他跑到國王面前誇下海口：「我之所以不想勝過師父，是因為敬他年老，又畢竟是自己的師父。其實，我的本領和力氣，絕不比師父差。」

國王見他這樣目無師長，心裡很不高興，便命令他師徒二人當著滿朝達官貴人的面進行比武。

小徒弟耀武揚威，不可一世地走進賽場，像頭憤怒的大象，彷彿即使他的對手是一座鐵山，他也會把他推倒。

他的師父見他力氣比自己大，只好使出留下未傳的那最後一招，一把將他扭住。他還不知怎樣招架，就已經被師父舉過頭頂，重重地拋在地上，滿場的人都歡呼叫好。國王賞賜師父一襲錦袍，並斥責小徒弟說：「你妄想和你師父較量，可是你失敗了。」

徒弟說：「陛下！他勝過我並不是憑力氣，而是用他留下沒教的那一點兒小本事，才把我打敗的。」

師父歎口氣說：「我留下這一招，為的就是今天。聖人說過：『不要把本事全部教給你的朋友，萬一他將來變成敵人，你怎樣抵擋得住？』還有個從前吃過徒弟虧的人說過：『也不知是如今人心改變，還是世上本來沒有情義。我向他們傳授射箭技藝，最後他們卻把我當作天上的飛鵠。』」

這個故事說來其實有些可悲，因為我們都知道師父有著「留一手」的壞習慣，留到最後，通常是那些最精微、最深奧的功夫都隨著前一輩的師父帶進了墳墓。長遠地來說，這是會阻礙每一門學問或行業的整體發展的。那又爲什麼會如此呢?起因還是在於人與人之間的「不信任」。

現代社會的競爭非常激烈，加上「個人」意識的抬頭及生活步調的緊湊，結果就是讓我們對彼此更爲冷漠與疏離，自然就談不上信任與交心了。

但是，如果一個團體或學術單位當中的每一位「個人」，都抱持著這樣的想法，又怎麼談得上求取整體的進步呢？

因爲，一個人的力量是有限的，現代社會分工細緻，必須比從前更講究合作、集思廣益的重要性，才有可能獲得持續性的累積成果。

我們是否該想一想，若我們都不做那個爲求富貴與威名、一心想扳倒師父的徒弟，是不是就不會總是有只傳了三百五十九招的師父了呢？

別將好心用在惡人身上

即使我們的出發點是良善的，萬一幫助了不該幫助的人，最後受害的可能不只是自己，還有許許多多無辜的人呢！

在宗教或道德上的觀念中，能夠及時行善事時，我們不應吝於付出自己的善意，能夠及時幫助他人時，我們更不應袖手旁觀，因爲，「助人」始終是一項值得讚揚的美德。

這樣子的想法當然沒有錯，畢竟，人與人之間的互助與互益，是人類最美好的光明面之一。

不過，有時在我們付出愛心的同時，也得睜亮眼睛呢！

這天，愛吃鹿肉的獅王捕到一隻梅花鹿，一不小心，一根鹿骨卡住了咽喉，讓牠痛苦不堪，並且無法進食。

啄木鳥幾天未見舅舅獅王了，這天飛來探望獅王，驚問：「舅舅，您病了嗎？怎麼瘦成這個樣子？」

獅王用手指著自己的咽部比劃著，哼聲道：「難受！難受！」

聰明的啄木鳥立即明白了，心想：「雖說獅王是我舅舅，然而牠生性兇殘貪婪，我應該幫牠嗎？」

牠看看已經好幾天沒有吃東西的獅王極度憔悴的樣子，又想：「但是，若這樣任牠無法進食而死，我卻又怎麼忍心呢？」

啄木鳥想罷，就對獅王說：「舅舅，別擔心，我能把您治好，但您得答應我一件事。您會被骨頭卡住，是因為吃了太多鹿肉而起的。請您答應我，此後不要再隨便獵殺動物了，好嗎？」

獅王點點頭。於是，啄木鳥便說：「您先好好休息，我回去準備準備，等一下就為您治病。」

獅王聽了非常高興，不多久便靠在床邊睡著了。啄木鳥就躡手躡腳來到獅王身邊，把事先準備好的木棒輕輕插進獅王口中，將牠的上下牙撐開，然後鑽進獅王口中，用長嘴叼住鹿骨，飛了出來。接著取出木棒，飛到附近的樹上。

獅王醒來，咽喉不再疼了，高興地對啄木鳥說：「好外甥，你救了我一命，我應當終生相報。以後，我不會再隨便殺害動物啦！」

幾天之後，啄木鳥被老鷹追捕，驚慌地飛來，對獅王說：「舅舅，後頭有老鷹追我，快救我一救！」

誰知，獅王此時正在吃另一隻梅花鹿的肉，牠張著血盆大口，對啄木鳥說：「我這牙齒鋒利無比，你上次進入我口中叼著鹿骨安全飛出，本該慶幸免除一難才對，怎麼今天反倒來找我尋求幫助呢？」

不知道大家有沒有聽過一句話：「對惡人仁慈，就是對善人殘忍」？

故事裡的啄木鳥看獅王可憐，雖然明知牠兇狠殘忍，最卻於心不忍，仍然

不顧危險治好了獅王的病。誰知，獅王不但不知感恩、不守諾言，還對自己的救命恩人見死不救！

惡人的勢力一旦強大，因爲他們的貪、暴，必定會去迫害別人、欺侮別人；固然不是每個人都能當打虎的英雄，卻也應該明白不應助惡爲虐的道理。即使我們的出發點是良善的，萬一幫助了不該幫助的人，最後受害的可能不只是自己，還有許許多多無辜的人呢！

因此，在我們對不義者伸出援手之前，應該更仔細地想一想：該，或不該？

學習，不只是閱讀的累積

讀死書，不如不讀；盡信書，不如無書。因為讀死書，空記了一堆知識卻不明白前因後果，只會造成負面效果。

清代的知名文人鄭板橋，曾經做過一首打油詩：

讀書數萬卷，胸中無適主；便如暴富兒，頗為用錢苦。

讀書數萬卷又如何？如果從中讀不出自己的意見與心得，不過徒增困擾而已。這個道理，用在什麼地方都一樣。讀書最重要的，應當是這些閱讀、這些知識，或是這些體驗、這些練習，能不能內化成我們生命的一部份。

孔子不僅是一位偉大的教育家，也是一位出色的音樂家，既會唱歌，又能彈琴作曲，同時具有高超的音樂鑑賞評判能力。

孔子從小喜好彈琴，並勤於思考，善於鑽研，因此年輕的時候便有非常出色的表現。但是孔子並不以此為滿足，他知道單憑自己的努力很難有更大的突破，於是在二十九歲那一年，前往當時著名的音樂家師襄拜師門下。

一日，師襄交給孔子一首曲子，讓他自己練習，孔子廢寢忘食，日夜彈唱，足足練了十天，仍然沒有停下來的意思。第十一天早上，師襄一起床，聽到從庭院中傳來琴聲與歌聲，仔細一聽，仍是那首曲子，師襄忍不住便走出屋外，和藹地對孔子說：「你已經彈了很久，現在可以換首曲子來練了。」

怎知孔子認真地回答道：「我雖然已熟悉它的曲調，但還沒有摸透它的規律，所以仍需要繼續練習。」說完便又彈了起來，師襄也沒有加以阻攔。

過了一段時間，師襄覺得孔子的琴藝已有大幅進步，於是再次對他說：「你已經摸透這首曲子的規律，可以換首曲子練了。」

不料孔子停下琴，禮貌而恭敬地回答道：「老師，我雖然摸透了它的規律，但是還沒有領悟到它音樂的形貌，恐怕還得再花上一些時日練習。」

師襄以前教過許多學生，形形色色的人都有，但從沒有碰到一個像孔子這般執著而好學的，不禁心下暗想，此人將來必成大器。

如此又過了一段時間，師襄發現孔子神情莊重，四體通泰，好像變了個人似的。一次，孔子正在庭院中練琴，師襄悄悄地走到他身邊，凝神傾聽他的彈唱，深深地陶醉於優美琴音中。

一曲彈罷，聚精會神的孔子轉過身來，驚奇地發現老師早已站在自己身後，於是便作揖行禮，對師襄說道：「老師，我已經體會到音樂形貌了，他黑黝黝的，個兒高高的，目光深遠，似有王者氣概，非文王莫屬也。」師襄聽罷，大吃一驚，因為此曲正好名叫《文王操》，而他事先並未與孔子言及。

師襄對孔子說：「你說得很好！但你又是怎麼知道的呢？」

孔子不慌不忙地答道：「施行仁政的人推崇偉岸，鼓吹和平的人愛好粉飾，充滿智慧的人喜歡彈唱，殷勤鑽營的人追求豔麗。這首曲子剛健有力，高亢激昂，學生於是能夠推斷出是由文王所作。」

師襄聽後，大感欽佩，連連點頭稱許。

由於孔子本身的刻苦學習和勤於鑽研，再加上師襄的高明點撥，他的琴技很快就趨於爐火純青的境界。

孔子不只是一位大思想家、大學者，從他學琴的態度中，我們更可以看到他在學習方面那種堅持追根究柢、窮究奧妙的嚴謹態度。他練琴，並不只滿足於熟悉一首曲子的曲調、規律，還會進一步要求自己理解隱藏在音樂最深層的意象，如果沒達到那個程度，他便會一直練下去。

想想看，我們在學習任何事物的時候，是否也能有這樣的態度嗎？

讀死書，不如不讀；盡信書，不如無書。因爲讀死書，空記了一堆知識卻不明白前因後果，只會造成負面效果罷了。如果我們不能把一本書讀通、讀懂，把一門學問弄通、弄懂，而只是會賣弄一些文句上的、淺顯表面的東西，那麼讀這些書又有什麼用呢？

08

不要讓負面情緒在心中堆積

每天都生氣的人不一定活得快樂，

但憤怒確實需要排解的管道與方法，

忍氣吞聲絕非好事，

這是每個心理醫生都會同意的說法。

不要讓負面情緒在心中堆積

每天都生氣的人不一定活得快樂，但憤怒確實需要排解的管道與方法，忍氣吞聲絕非好事，這是每個心理醫生都會同意的說法。

法國文豪雨果寫過一句話：「容易發怒的人，不見得是嚴厲的人。」

有些人只要一不高興就會發火，讓人知道自己在生氣；另外一些人表面不動聲色，其實暗地早已火冒三丈。

想想，你是屬於哪一種人？

東晉大臣王述，生來性情極其急躁，不但家人不敢輕易招惹，連同朝為官

的大臣都知道他個性易怒，對他敬而遠之。

王述很喜歡吃滷蛋，這天，廚子又特意為他準備了滷蛋，王述一看，高興得不得了，幾乎連口水都要流下來，迫不及待地拿起筷子就夾。可是雞蛋太滑了，怎麼夾也夾不住，這可急壞了耐性不好的王述，他乾脆換個方式用叉的，偏偏雞蛋像是故意要和他作對似的，連叉都叉不到。

王述試了幾次都不成功，大為光火，再也無法忍耐，怒氣沖沖地把整盤雞蛋都掀到了地上。看著雞蛋在地上不停打滾，他的火氣更大了，穿上木屐便下地用力去踩，眼看仍然無法消氣，他還一把將雞蛋從地上撿起放進嘴裡，狠狠地咬了幾下再吐出來。

謝奕，是東晉名臣謝安的哥哥，也是個性情粗暴蠻橫的人。一次，王述和謝奕同時參加廷席，席間，大臣們為了一件小事發生爭論，以王述為首的一派和以謝奕為首的一派意見相左，各持己見，不肯罷休，最後還是在主人勸說下，兩方才停止爭吵，各自回到坐位上繼續喝酒。

謝奕認定王述故意不給他面子，越想越氣，結束了筵席回到家，火氣還是半點沒消，幾乎整個晚上都睡不好。第二天一大早，謝奕帶領著僕人浩浩蕩蕩來到王述家，毫不客氣地用力敲門，差點把兩扇大門撞壞。

王述聽了僕人通報，匆忙穿上衣服，準備前去迎接。但他還沒走出門，謝奕已經氣沖沖地闖了進來，劈頭蓋臉就是一頓臭罵。

謝奕肆無忌憚在王家大罵，王述卻不發一語，甚至還轉開了頭。花了足足有半個時辰，謝奕已經把嗓子喊啞了，這才罷休，帶著人離開。

這時候，王述轉過頭來，問身邊的僕人：「他們走了嗎？」

僕人回答：「走了。」

王述一聽，這才慢慢的走到廳堂中坐下。此後，人們都稱讚他雖然性情急躁，卻能夠識大體，懂得有所容忍。

人生在世，總不會萬事都順心，就算修養再好的人，也會有發火的時候。負面的情緒就像是地底下不斷產生的能量，必須適時宣洩。常常產生地震的地殼不容易累積能量，所以雖然不時搖動，卻總也不至於造成大禍。而那些百年才爆發一次的大地震，正是因爲長期以來累積了太多的能量，一次全部炸開，才會造成地動天搖、傷亡驚人的慘劇。

當然，每天都生氣的人不一定活得快樂，但憤怒確實需要排解的管道與方法，忍氣吞聲對自己絕非好事。王述性急易怒的個性確是一大缺點，但他脾氣發過就忘，以及能容忍他人的兩項優點，卻相當值得我們學習。

負面情緒就像垃圾，儘管處理的方法需要考量深思，但重要的是，絕不能任它一直在心中堆積。不懂抒發，情緒的垃圾會在心中不斷腐爛、變質、發臭，等到終於失控爆發的那天，必定會傷人又傷己，令人後悔莫及。

慎選接近你的人

朋友是彼此不斷影響、互相塑造的，真正的朋友，必須像一面明亮且忠實的鏡子，指出不足之處，讓我們據以檢討改進。

英國大哲學家培根有句名言：「缺乏真正的朋友乃是最純粹、最可憐的孤獨。沒有了友誼，世界不過是一片荒野。」

父母、兄弟姊妹等家族血親，是打從我們呱呱落地時就註定好，無可改變的，朋友則不同，朋友是我們自己選擇與之交往、與之交心的人，並非與生俱來，也不會憑空而降。

與什麼樣的人做朋友，與什麼樣的人親近，決定權在自己的手裡。對於朋友的選擇，不可不小心謹慎，更應時時反省警惕，問問自己，身邊究竟有沒有「眞正的朋友」？

西晉大臣傅玄品學兼優，為人正派，很受皇帝敬重，被請來擔任太子的老師。皇帝期望他不僅能教會太子做學問的方法，更重要的是讓他了解做人的道理，將來才能成為一個好皇帝。

太子府裡的人很多，除了宮女、太監外，還有大批辦事的官員，但是真心對待太子的人卻很少，絕大多數只會討好奉承而已。

當時，太子年紀尚輕，喜歡玩耍，不喜歡讀書，傅玄發現太子絲毫沒有明君風範，而且無論做了什麼荒謬糊塗的事，身邊的侍從也只是一味奉承誇獎，令他感到十分憂慮。

過幾天，傅玄趁著為太子講課的時候，便提到：「要想做一個好人，一定要接近正直的人。就像經常接近朱砂，就一定被染紅；而常接近墨水，則會被染黑。對自己的言語行為也必須嚴格要求，只有這樣才不會受到惡劣環境的影響，使正派的人聚攏到自己身邊。記住，聲音清亮，回聲就一定甜美；身體站得直，影子就一定不傾斜。」

傅玄繼續解釋：「您如果接近正人君子，符合道義的話就會聽得多，行為自然也能逐漸符合規範準則。」

不久，皇帝聽說了這件事，很欣賞傅玄當時所說的話，就命人把這些語句寫在屏風上，放在太子房中，讓他每天讀一遍，以時刻提醒自己，勉勵自己。

「近朱者赤、近墨者黑」雖只是短短的一句話，卻明白地闡釋了交友的最高準則，因而千百年來爲後人傳頌。

身邊朋友的好壞，足以左右我們的品行與成就。交往的過程中，朋友是彼此不斷影響、互相塑造的，應該審慎選擇。

俄國作家法捷耶夫曾經這樣說：「友誼！世上有多少人在說起這個詞的時候，指的是茶餘飯後愉快的談話與相互間對弱點的寬容，可是，這跟真正的友誼有什麼關係呢？」

眞正的朋友，必須像一面明亮且忠實的鏡子，指出言語行爲的不足之處，讓我們據以檢討改進。那些只會一同尋歡作樂、不言己過的酒肉朋友，根本不能算是眞正的朋友。

古今中外哲人對於朋友的選擇，曾經提出相當多的建議與見解，但他們所要說的，終歸一個觀念——謹慎選擇朋友。

若身邊都是發奮向上、誠實待己的人，自然能夠從他們身上得到讓自己更上一層樓的動力；倘若身邊都是一些貪圖逸樂、虛與委蛇的人，我們又怎麼可能步上成功的道路呢？

發揮創造力，就能化垃圾為奇蹟

> 化無用為有用，所需要的不是金錢、更不是魔法，而是憐物愛物之心，與點石成金的創造力。

我們生活在一個物質資源豐足，不虞匱乏的環境，習慣看見喜歡的物品就買，用完即丟，東西壞了懶得修理，沒用的雜物更不願意留在身邊。

「反正便宜嘛！」我們都會這樣想：「有什麼關係呢？」

不過，在享受這些便利的同時，我們或許都忘了一點，地球上的資源十分有限，隨著世界人口不斷增加，資源的分配必定更加吃緊，現在養成對物品不重視的浪費習慣，一旦有朝一日必須面對物資缺乏的窘境，將後悔莫及。

就算是大家眼中的「垃圾」，經過一番巧思運用之後，都可能搖身一變成爲有用的東西。在我們打算將手上的「垃圾」拋棄之前，不妨先停下來想一想，什麼是有用的，什麼又是無用的？今天丟進垃圾桶的東西，會不會是明天自己得花錢、花時間、花精力去再次取得的寶物呢？

陶侃，字士行，東晉明帝時官拜征西大將軍，平日做事必定親力親為。他不僅學問淵博，在軍事方面也有相當才能，是個不可多得的人才。

有一次，皇帝派陶侃督造大船。他每天都到造船現場，親自督造，一刻也不離開，工人們自然不敢馬虎行事，加倍努力工作。

陶侃見造船工人們鋸下的木屑和截短的竹頭扔了滿地，就命手下把它們撿拾集中起來，並放到指定的儲藏室收好。

下屬們都不明白他的用意，又嫌麻煩，紛紛抱怨：「這些破爛貨有什麼用，為什麼還要費力氣把它們收起來？」

陶侃並不想多費唇舌解釋，只是說：「以後你們就知道了，現在不用多問。」下屬們沒有辦法，只好不情願地把這些木屑、竹頭收拾起來。

日子一天天過去，木屑和竹頭已經在儲藏室中堆放了快一年，老早被人們遺忘了。眼看就要過年，府衙打算在大年初一舉辦一場宴會，邀請朝中大員與會，為此，陶侃老早就指派下人們準備，絲毫不敢怠慢。可是天不從人願，年尾那幾天竟下了一場大雪，積雪盈尺，雖然雪停之後陽光普照，但半融的積雪使府衙前的街道泥濘不堪，幾乎無法行走。下屬們知道不能讓朝中的王孫大人們走這樣的爛泥路，又想不出辦法，只好請示陶侃。

陶侃命人將儲藏室中積存的木屑拿出來鋪在街上，蓋住泥濘，道路就像天晴乾燥時一樣容易行走，這下子，下人們全都對陶侃的高瞻遠矚感到佩服。

又有一次，駙馬要動身討伐蜀地，行前得監工趕造一大批船隻。工人們把船板都鋸好之後，卻發現臨時找不到竹釘，無法將船身拼裝起來，急得駙馬直跺腳，延誤了戰期可是重罪。

正當駙馬急如熱鍋上的螞蟻，不知如何是好時，陶侃聽說了這件事，立刻派人把自己督造船隻時收藏的竹頭全送過去，經過一番趕工，船隻總算順利造好，也沒有耽誤討伐蜀地的戰期。

自此，人們更加佩服陶侃的深謀遠慮，他也因而深得皇帝讚賞。

陶侃對於「無用」與「有用」的界定，顯然與一般人不太一樣。別人認爲毫無價值，棄之如敝屣的東西，他卻珍而重之地收藏起來，不顧外界的懷疑眼光，相信終究有一天它們會派上用場，從「垃圾」變成「寶貝」。

我們不能將陶侃視爲普通的拾荒者，從故事中可以看出，在收藏之前，對於竹頭和木屑的用途，他早已做過一番審慎的思考。

旁人不明白陶侃的用意，是因爲他們讓「成見」、「刻板印象」限制了自己的眼光，不能夠隨機變通、發揮創意。將木屑鋪在雪地上防滑吸水，用竹頭削成竹釘幫助造船，誰曰不宜？簡直是再巧妙不過了！

化無用爲有用，所需要的不是金錢，更不是魔法，而是憐物愛物之心，與點石成金的創造力。

主宰命運，不要被命運主宰

所有的先天不良，都能以後天的努力、勤奮來彌補。只要有毅力，堅持到底，便不會屈服於所謂的命運。

法國大文豪雨果曾經這樣勉勵眾人：「當命運遞給我們一個酸檸檬時，讓我們想辦法將它搾成可口的檸檬汁吧！」

越古老的民族越是迷信，越喜歡去估算「運」的好壞。

打開電視、翻閱書報雜誌，沒有一個地方不刊登著「今日運勢」。放眼生活周遭，許多人不是沉迷於求神問卜，就是熱衷於塔羅牌、星相、紫微斗數，命理師說最近會有好運則喜，要是將有惡運纏身，則憂慮不已，還要找尋許多

方法以求解運、轉運。

即使科學昌明的現代，芸芸眾生猶如此相信「命運」乃是上天的安排，那麼在古代中國又是呢？

李泌是唐代名臣之一，歷仕肅宗、代宗、德宗三朝，官位至宰相，被封為鄴侯。唐代前期，是中國封建王朝最輝煌的盛世，可是自從唐玄宗後期爆發安史之亂後，國勢開始走下坡，到肅宗、代宗、德宗更是每況愈下，內有官吏腐敗，外則民不聊生，連年的戰事更使整個國家處於風雨飄搖的狀態，李泌就是在這樣的時代擔任宰相。

經過多年的官場沉浮，李泌看透世事，決定辭官回鄉。

李泌走後，朝中無人能擔當宰相大任，於是皇帝又差人來請他出仕，但李泌怎麼也不肯再入朝為官。皇帝十分生氣，也覺得面子掛不住，於是將他流放到湖北蘄春一個偏遠的地方。

此時，韋斌正負責蘄春的防務，早就聽過李泌的大名，心中景仰已久，如今有了結識的機會，自然處處照顧。他不但為李泌安排住處，配備僕人，還經常請李泌到自己府上喝酒談天。

這天，韋斌又邀了一些朋友共進晚餐，其中也包括李泌。僕人們在涼亭為他們準備了豐富的酒菜，兩旁還有侍女提燈籠照明，客人們落座後，照例是相互敬酒，噓寒問暖一番，正在這個時候，大夥卻聽到「咕咕……咕咕」的貓頭鷹叫聲響起，令人毛骨悚然。

當時，民間有句流傳很廣的俗話，叫做「夜貓子進宅，無事不來」，相傳只要有貓頭鷹入宅，惡運也必會伴隨而來。

韋斌是個很迷信的人，聽到貓頭鷹的叫聲，臉色立刻變了，方才的興奮一掃而光，取而代之的是沮喪，難過得幾乎要流下淚來。

韋斌說：「看來我要走壞運了，可憐上有老，下有小，唉……」說著，更加傷心，禁不住哭出聲。

客人們聽了這番話，全都沒了興致，再想想大唐目前的景況，國力日衰，看似真沒多少好日子可過，於是也暗自神傷起來。

李泌卻反而哈哈大笑：「大家不要傷心，別人都認為夜貓子的叫聲是厄運的前兆，但如果我們偏偏當作吉祥的聲音來聽，不就沒什麼值得傷心了嗎？大家都試著這麼想，別怕牠的叫聲，痛痛快快喝酒聊天吧！」

客人們一聽覺得有理，開始把貓頭鷹的叫聲當作吉祥的聲音，果然一掃先前傷感的氣氛，度過一個愉快的夜晚。當然，韋斌日後並未因此遭遇任何不幸。

太過於相信所謂的「命運」、「命中註定」，必然會受到它的宰制；若是不信，對自己的生命將更能夠控制掌握。

大凡成功的人，都不輕易向命運低頭，只有那些懦弱、畏縮、事事無法作主的人，才會將自己的人生全盤推給命運。

美國的偉大發明家愛迪生曾經說道：「我未曾見過一個早起、勤奮、謹慎、誠實的人抱怨命運不好。良好的品格、優良的習慣、堅強的意志，是不會被那些假設的『命運』擊敗的。」

我們應將「人」的價值發揮出來，主宰自己的生命，不要讓命主宰自己。出身不好沒關係，天資愚笨也不要緊，環境落後更是無所謂。所有的先天不良，都能以後天的努力、勤奮來彌補。

一兩次的失敗算什麼？幾番的挫折又如何？只要有毅力，堅持到底，便不會屈服於所謂的命運。只要心智夠成熟、夠堅定，對於那些不好的「運勢」、「災厄」，實在無須太過擔憂。

千年前的李泌就能明白這個道理，並不是因爲他的知識比較淵博，而是由於他確實是一位實踐家，知道如何主宰人生，當自己的主人。

那麼，我們呢？

立足當下，放眼未來

不爭一時，要爭千秋；不圖小利，要能長久。不以現在的盈虧、勝負為意，而是要及早規劃、及早調整，迎接未來的挑戰。

英國科學家盧瑟福有句名言：「我認為，再也沒有比那種只注意自己鼻尖底下一點小事更可悲的人了。」

短視，是人常犯的毛病，對世局不明白，對事理不清楚，只去爭奪能用眼睛看到、能用手抓到的東西。

因爲短視，所以看不清離自己已經不遠的未來；因爲短視，寧可放棄遠大的優勢，去追求那近在眼前卻微不足道的蠅頭小利。

不求千秋，只貪一時；不顧大局，只在自己的小圈圈裡鑽營，說來全是因爲缺乏長遠的眼光。

唐朝時，水路運輸是相當重要的交通和物流途徑，那時中國的造船技術已經很發達了，朝廷也極度重視造船業的發展，船廠每造一艘船，朝廷便撥款補助一千兩，但實際上造一艘船根本用不了這麼多錢，於是許多人紛紛投資船廠，希望藉此途徑發財。

有個叫劉晏的人，在長江邊上設立了一座造船廠，生意非常興隆，再加上朝廷給予的經濟支持，沒過多久，就成了當地造船業的龍頭老大。

有人看見劉晏發了大財，便對他說：「造一艘船所需要的費用，根本還不到朝廷給的一半，現在你也不缺錢了，不應該再向朝廷要這麼多錢了，應該適當地減少一些才是。」

他搖搖頭道：「不行！計劃做大事的人，不能吝嗇一點小的費用，凡事都必須要有長遠的打算，否則萬一情況突然生變，會無法應對。現在剛剛設置造船廠，辦事的人很多，首先應該使他們的個人開銷不感到窘迫，並能衣食無憂，如此，才能全心全意投入工作，把船建造得堅實完好。如果一開始就斤斤計較，在乎一點錢的多少，刻意減少木料和其他原料的供應，或是苛扣工人的薪餉，這個造船廠怎麼可能長久存在？你別看現在造船是個好差事，掙的錢多，朝廷也大力支持，但這種局面一定不會長久維持，過些時候，撥款絕對會被減少，到時候又能夠向誰去要錢呢？所以我們必須趁現在好好發展，囤積雄厚資本，而不是光想著如何替朝廷節省銀子啊！」

事實證明了劉晏的遠見卓識，幾年之後，朝廷的有關部門果然將撥款減少了一半，這個時候，許多規模較小的造船廠因承受不了財務壓力紛紛破產倒閉，只剩下像劉晏這般大規模的造船廠，仍能夠穩健地經營下去，持續造出一艘又一艘可靠的船隻。

大部分的人只看得到現在，所以他們考慮的，也不過是這一時的利益、一時的優劣而已。眞正有遠見的人，應該放眼在五年、十年，甚至五十年後，度量整體的局勢，再做出最宏觀的決定。

這就是「政客」與「政治家」、「商人」與「企業家」的不同。不爭一時，要爭千秋；不圖小利，要能長久。不以現在的盈虧、勝負爲意，而是要及早規劃、及早調整，迎接未來的挑戰，這才叫眞正的有眼光。

時間是最好的試金石，它能爲這個世界篩選出兩種人——「普通」與「偉大」，差距不在別處，正在「短視」與「遠見」之間。

追求內涵，才最實在

我們不禁要懷疑，判斷一個人，難道只能看見表相嗎？外貌以下的才能與內涵，真有那麼難以看清？

曾寫出《哈姆雷特》、《羅密歐與茱莉葉》等知名劇作的英國文豪莎士比亞曾經這樣嘆息：「越是漂亮的東西，越經不起歲月的摧殘！」

肉眼所見的「美麗」，常常無法長久。曇花盛放，艷麗不過一夕；煙火沖天，光彩只在瞬間。很快的，它們凋零、消逝，最終什麼也沒能留下。

有一名叫做皮日休的學子進京參加科舉考試。他能寫出一手非常出色的好文章，但長相卻令人不敢恭維，因為有一隻眼睛生來便是塌的，和整張臉非常不協調。此次，擔任主考的官員名叫鄭愚，有個毛病，就是喜好以貌取人。

眾學子考試完畢，呈上試卷後，便回驛館休息，等待著成績揭曉。

鄭愚將考生們的試卷一一批閱後，發現皮日休的文章寫得非常好，十分欣賞，認定是個才華橫溢不可多得的人才，便馬上下令召皮日休前來進行面試。可是，當兩人真的見了面，鄭愚卻不禁大失所望，心下暗想：「此人相當有才華，怎麼偏偏長了個如此醜陋的相貌？可惜啊！可惜！」

他開口對皮日休說道：「年輕人，你的才華很好，我非常欣賞，本來確實是想好好錄用你、提拔你的，可是，為什麼你的一隻眼睛會長成這個樣子呢？」

當皮日休聽到鄭愚批評自己的長相時，並未感到任何尷尬和難堪，反而揣摩出鄭愚的心理，機智的回答：「大人，晚生來參加考試，憑藉的是自己的腦子和多年苦讀積累的學問，相信這正是朝廷所需要的。聽說您對晚生的考卷頗為欣賞，假若囿於相貌而埋沒了人才，傳揚出去，別人會認為您選才不力，反而有損自己的好名聲啊！聰明如大人您，絕不會因為我的一隻眼睛，而毀掉自己的兩隻眼睛。」

鄭愚聽到皮日休如此回應，心下頓生佩服之意，於是當機立斷錄取此人。

按照皮日休的說法來看，恐怕現在我們的身邊便有許多「瞎了兩隻眼睛的主考官」。太多人不理會別的，只單純以外貌做爲品評個人的標準，正是因爲如此，放眼看去，整個社會都在追求美貌、追求青春，甚至不惜花錢受皮肉之苦，以人工的方式，貪求不屬於自己的面容樣貌。

判斷一個人，難道只能看見表相嗎？

外貌以下的才能與內涵，是否眞有那麼難以看清？

美麗終究是短暫而不可靠的，可是卻有太多盲目的人散盡千金，甚至用盡畢生氣力去追尋。或許，有一天我們對自身欠缺內涵的憂慮，多過於煩惱自己不夠美麗時，才能眞正無愧地說：我的雙眼不再盲目了。

事必躬親未必是好事

在一個團體或單位當中，許多事要靠制度的建立與執行，才能讓組織的運作長久穩定地進行下去，不受任何因素影響。

你一定曾遇過這樣的人，或許是家中長輩，也可能是單位裡的主管或長官，他們對於家裡或公司、機關裡的所有事，不論大小，全拚命往自己身上攬，視爲自己的責任。只見他們成天忙上忙下，從金融財務、人事糾紛乃至廚房、廁所的雜務清掃，還眞是「十項全能」呢！

這樣毫無效率可言的管理方式在一些家族企業或是較小的單位裡常常可以見到，不過在搖頭感嘆之餘，不妨回頭想想，如果有一天換做是我們掌管了一個不小的部門，會不會也變成一個什麼都要管、什麼都要囉唆的「老媽子」呢？

宋朝時，御史台衙門有個老僕役，在工作崗位上一待就是四十年，服侍過十幾任御史。這個人不僅個性耿直，而且還有一個特別的習慣，每逢御史有過失，他就把廷棍立直，放在人來人往的庭中。時間一久，廷棍竟成了驗證御史賢與不賢的標誌。這種說法在大臣中廣為流傳，一代傳一代，每位御史都不希望看到廷棍被立直。

後來，范諷受命擔任御史中丞之職。此人為官清廉，辦案鐵面無私，是個難得的清官，上任之前當然也聽說了御史台衙門這個老僕的故事，但是，他自認做人行事問心無愧，經受得起各種考驗，老僕的廷棍應該無用武之地，不會有被立直的機會。

可是有一天，廷棍立直了，范諷見到大吃一驚，自忖沒做任何虧心苟且之事，於是他叫來老僕，問道：「我一沒收受賄賂，二沒貪贓枉法，更不可能欺壓百姓，你為什麼把廷棍立直了？」

老僕緩緩說道：「大人，昨天，我看到您接待客人，親自囑咐廚師做飯，一連叮囑了好幾遍，廚師才離開幾步您又叫他回來，一再重複叮嚀……」

范諷滿頭霧水：「這有什麼不對的嗎？」

老僕搖搖頭：「大人，我認為凡是指使下屬，只要說清楚方法，然後要求他限期完成任務就行了。如果他沒能達成使命，自然必須接受懲罰，又何必喋喋不休？假如讓您掌管天下，能親自監督管理每一個人嗎？我心裡不認同這種做法，感覺沒有成大事的風範，所以就把廷棍給立了起來。」

范諷一聽，感到很慚愧，誠懇地向老僕致謝。

樣樣小事都要管，不但會累死自己，將可貴的時間浪費在不重要的雜事上，還間接顯示自己缺乏「適當用人」以及「有效率處理事務」的眼光。

當我們決定要將某些任務交託到一個人手裡，就表示對他的才能與忠誠非常放心，如果在這樣的情況下，還要對他指東指西不斷教導，那要此人何用？究竟是他的才幹不足，還是我們根本就不信任對方的能力？

同時我們必須了解，在一個團體或單位當中，許多事要靠制度的建立與執行，才能讓組織的運作長久穩定地進行下去，不受人事變遷或其他任何因素影響。如果什麼事都要在上位者盯著看才能夠運作，那麼這個單位必定無法成爲一個健全、獨立的組織。

要想成大事，就必須要學會把握宏觀的決策，並在組織團體中建立完善的分工制度。要知道，「事必躬親」有時反而會是阻礙彼此發展的錯誤關鍵。

09

兩全其美才是最高智慧

遭遇到兩難的問題時，

如何在「事」與「人」

這兩端間尋找到一個兩全其美的平衡點，

是值得學習的思維方式。

兩全其美才是最高智慧

遭遇到兩難的問題時，如何在「事」與「人」這兩端間尋找到一個兩全其美的平衡點，是值得學習的思維方式。

在職場上或生活中，有時難免會遇到一些難以兩全的問題，例如，如果這樣做，難免疏忽了那一邊；如果那樣做，難免這一邊又不周延。凡是在牽涉到「人」的因素時，就會讓這類的問題更加複雜。

每個人都有自己的立場跟想法，但是事實常常是無法兩全其美的。在我們必須面對這類問題的時候，應該怎麼辦呢？

阿赫默德是個威嚴的國王，但他只有一隻眼睛和一條臂膀。有一天，他召來三位畫師，命他們為自己繪製肖像。

國王對三位畫師說道：「我希望有張威武勇猛的畫像，請你們用彩筆精心描繪出我身跨戰馬馳騁疆場的模樣！」

到了期限這一天，號角嘹亮，宮殿堂皇，國王威嚴地端坐在王位上，畫師們誠惶誠恐地獻上了他們畫成的肖像。

國王站起身來仔細端詳第一位畫師獻上的肖像，不由得怒髮衝冠，氣滿胸膛。因為，他認不出自己的面目！

國王斥責說：「騎在馬上的這位君王兩隻手握著弓箭，兩隻眼睛正視前方，這不是我騎在馬上。我只有一隻眼睛，一條臂膀。我要你立刻回答，怎敢大膽粉飾我的形象？」

惱怒的國王下了一道旨令說：「畫匠弄虛作假，判處流放！」

國王拿起第二幅畫像，不由得渾身顫抖，怒火萬丈。

他覺得無上尊嚴受了污辱，怒吼道：「好一副歹毒心腸！你膽敢讓我的仇敵開心，竟然醜化你的君王！你這個居心叵測的小人，專畫我一隻眼、一條臂膀！來人！推出去砍了。」

可憐這位寫實主義的肖像畫師，年紀輕輕便成了刀下之鬼。

第三位畫師見到前面兩個畫師的遭遇，硬著頭皮捧上了另一幅肖像。畫面上的這位國王側身騎馬，不是面向看畫人，因此，看不出他有沒有右眼，也不曉得他是不是一條臂膀。只看見一條健壯的左臂，緊緊地握著一面盾牌，一隻完好無損的左眼，像鷹梟的眼睛一樣銳利明亮！

國王非常滿意，當場就吩咐賞給這位畫師金銀財寶。

從此，這位畫師就備受青睞，官運亨通，臨終時他的胸前掛滿了勳章。

這位畫師的聰明，就在於他能夠不扭曲事實，也不傷害到國王的自尊，以巧妙的手法兼顧兩者。

這位國王顯然不是一位自欺欺人的君主，但他也無法忍受在誇耀自身勇武的畫像中，將自己的殘缺曝露在敵人面前。因此，第三位畫師的肖像畫，能在

不違背事實的前提下，將國王的威猛表現出來，而獲得國王的賞識，這不得不說是一種歷練過的智慧。

我們在遭遇到兩難的問題時，應當學習這位畫師的智慧，或許有些人會覺得這樣未免狡黠，但在今日的社會，如何在「事」與「人」這兩端間尋找到一個兩全其美的平衡點，是值得學習的思維方式。

找對位置，做對事情

將人才放錯位置用錯地方，就好比要大將軍去值夜守門一般，不但是一種人才的浪費，還可能還會對整個團體造成傷害。

對於任何一間企業或者公司行號來說，如果想要持續不斷擴張、開展規模，那麼，長期有效地發掘並任用有力人才，是關鍵中的關鍵。

因此，身爲組織中的管理階層，必須擁有知人善任的能力，什麼人有才能、有什麼樣的才能、應該將他放在什麼位置……這些問題，在上位者不能不知道，也不能不去思考。

秦末天下動亂，楚漢相爭。

當時，大將軍韓信攻下齊國領地，功績卓著，漢王劉邦為了籠絡他，便宣布立他為齊王，並讓他帶兵攻打楚地。

楚王項羽得知，十分煩惱。因為，韓信落魄時曾經投靠過他，卻不受重視，只得到一個小官職，後來轉投劉邦麾下，很快得到重用，充分發揮才能，協助劉邦南征北討，立下汗馬功勞，從當年一個不起眼的小官，搖身一變，成了各國武將十分畏懼的對手。

現在，韓信奉命前來攻打楚地，項羽自忖沒有必勝的把握，又非常後悔當初沒有重用他，白白錯失好人才，於是派武涉去勸服他。

兩人一見面，武涉馬上開口恭維韓信的功績，說得天花亂墜，極盡拍馬屁之能事，但韓信卻只是看著兵書，不大理睬。

武涉見韓信不吃這一套，於是悄悄走到他身旁，壓低了聲音說：「韓將軍，如果您能棄劉邦投到楚王麾下，大王定會重用您，除了送您最豐厚的禮物，更會讓您擁有比現在更大的封地，請好好考慮一下啊！」

韓信一聽，反而拍案而起，勃然大怒道：「當年我跟隨項羽，官位最高也不到郎中，不過是個拿著兵器為他看守殿門的守衛罷了。說話從來沒有人聽，計策也不被採用，空有一身本領，卻無法施展。棄楚投漢之後，漢王授我為上將軍，統領數萬兵眾，還脫下自己的衣服給我穿，將自己的食物給我吃，在用兵打仗方面對我言聽計從，正因如此，我才有今天的成就。漢王如此賞識我，信任我，我若背叛，實在為天地所不容，請楚王收回他的美意吧！」

武涉被韓信說了一頓，只好摸摸鼻子告退了。

人都有夢想，都有抱負，越是懷抱才能的人，心中想要揚名天下、彰顯才華的欲望也就更強。

當這樣的人來到社會上，躍躍欲試想要一展身手時，那些足以影響局面、左右情勢的管理者們，又是如何對待他們的呢？

這些有才華有抱負的人，不一定擁有驚人的外表或家世，也不一定能在很短暫的時間內就有過人的表現，但這並不表示他們的能力不好，很多時候，只

是因爲時機未到，或是被放錯了位置、用錯了地方而已。

放錯位置用錯地方的悲哀，就好比要千里馬去馱重物，要大將軍去值夜守門一般，不但是一種人才的浪費，還可能對整個團體造成傷害。

用蠻力不如用腦力！楚王項羽雖有帶兵的將才、驚人的武功，卻沒有識人的才能，再怎麼力拼，都還是只能靠自己一人，找不出值得信賴的強將良相，結果就是不敵知人善任的漢王劉邦。

一絲善念，便足以改變世界

不可否認，人有與生俱來的惡念，但也同樣擁有天賦的善心，我們不能放任惡念危害他人，更不能讓原有的善心漸漸冷卻。

英國文人勃朗寧說：「如果把愛拿走，整個地球無異是一個大墳墓。」確實如此，同情與愛，是人與生俱來的高貴情操，如果把這樣的情感從人類身上奪走，我們還剩下些什麼？

必定只是一個冰冷、無情、殘酷的世界。

袁安是東漢人，官至司空、司徒，以為官嚴明著稱。

在袁安還只是一介平民的時候，有一年冬天特別寒冷，下了好幾場大雪，這天清晨袁安早早就起床，拿起掃帚準備掃雪，一打開大門，卻發現有一堆人擠在他的家門口避寒。

袁安不忍心為了掃雪而趕走這些苦命人，便輕輕地把大門關上，心想，就讓他們在這裡避避吧！於是放下掃帚，走回屋裡。

這天洛陽的縣令親自視察百姓狀況。他沿著大街巡視，家家戶戶都很積極掃雪，走到袁安家門前，竟發現厚厚的雪還成堆在地上，絲毫沒有掃過的痕跡，還有不少人縮在屋簷下。

只看一眼，這位縣令便知道這是一群無家可歸的遊民，因為無處容身，只好群聚到袁安家門口避寒。

縣令命手下將堆在大門前的積雪掃開，一走進屋子，便發現袁安瞪大著雙眼，目視屋頂，直直躺在炕上。

縣令不高興地大聲問道：「怎麼不出去掃雪呢？負責掃淨家門前的積雪是洛陽城的規矩，難道你不知道嗎？」

袁安慢條斯理地起身說：「大人，您也看到了，那麼多無家可歸的人在我家門口避寒，這麼冷的天，我實在不忍心把他們趕走啊！」

縣令聽了之後很感動，認為袁安這樣富有同情心，若能為朝廷效力，一定會是個造福人民的好官，不但沒有責備，還舉薦他為孝廉，日後他更當上司徒、司空等官職。

袁安不忍心將孤苦受凍的人趕走，表現出推己及人的深厚同情之心，洛陽縣令就是深深明白了這一點，所以舉薦袁安，傳爲一段佳話。

或許，因爲現代人的生存與活動空間過於狹小擁擠，彼此間難免激烈競爭，再加上社會結構日趨複雜，自己與他人之間彷彿築起了一道看不見的牆，使得彼此的距離越來越遙遠，也越來越吝於付出自身原有的同情與愛，這實在是一件很可悲的事情。

當每個人都只顧慮自己，不願關懷、同情他人的時候，人與人之間的互信、互助、互愛便會一點一滴消失殆盡，到最後，誰能保證世界不會只剩下弱肉強

食的殘酷？在那樣的世界生活，又有什麼樂趣或希望可言？

不可否認，人有與生俱來的惡念，但也同樣擁有天賦的善心，我們不能放任自己的惡念危害他人，更不能讓本有的善心漸漸冷卻。

要是我們肯幫助那些需要幫助的人，對值得同情的人施予憐憫，即使只是一件微不足道的小事，也能夠爲這個世界帶來一些希望，爲我們的生活添加更多可貴的光明與溫暖。

別讓貪心蒙蔽理智

這些讓自己爭得面紅耳赤的事物，真的值得嗎？非要把眼前的好處一網打盡才行嗎？很多時候，答案都是「不」。

法國歷史上最偉大的作家之一巴爾札克曾說：「貪心好比一個套結，把人的心越套越緊，結果閉塞了理智。」

貪婪之心人皆有之，不只大奸大惡者獨然。無論是衣冠筆挺的上流社會人士，坐擁萬貫家財的富翁，甚至是備受尊重的教育家、宗教家、政治家，抑或一般平民老百姓，一旦受到「貪」字引誘，都未必能全身而退。

根據漢朝禮制，每年十二月祭祖的時候，皇帝都要賞給博士們一些羊，以獎勵他們一年來教授學生、執行禮法的辛勞。但是，羊有大有小、有肥有瘦，該怎麼分，卻從沒有固定的規範可循。

起初是買一群羊，集中在一起，任大家隨便挑選，但這令很多人都感到不公。後來，有人提議按照長幼尊卑分配，年長的、地位高的就分給大羊，年齡小的、地位低的就分給小羊。這個提議聽起來很公平，但還是產生了分配不均的情況，因為每隻羊的重量不可能完全相同，所以同一級別的博士也未必能分到一模一樣的兩隻羊。

許多人為此紛紛發出怨言，對於把博士分成高下幾個不同級別的做法也不表贊同，甚至還有人為了爭級別而傷了與同事間的感情。本來很團結的一個群體，為了分羊這件小事吵得亂哄哄，始終拿不定主意。

很快，又到十二月了，主管博士的人這回想出了一個好主意，乾脆把羊都殺掉，然後平均分配羊肉就好，這樣既不用爭地位，又顧全了大家的面子。眾人一聽，都認為相當合理，唯獨一位名叫甄宇的博士不同意。又有人提出抽籤的辦法，全憑自己的手氣好壞，誰也不用抱怨，這也得到了大家的一致同意，可是甄宇還是搖頭。

這下，博士們全都按捺不住了，有人怒氣沖沖地質問道：「你到底打什麼主意？也不想想自己的資歷與身分，如此刁難，難道是想分最好的羊不成？」

其他人一聽，紛紛點頭，批評甄宇不知好歹。

甄宇嘆口氣道：「太丟人了！我們全都是號稱學富五車的大學士，竟然為了區區一隻羊，鬧到這種地步，實在太丟人了！」說完，甄宇逕自牽起一隻又瘦又小的羊走了。

看著甄宇的背影遠去，在場的人全都啞口無言，羞紅了臉，紛紛低下頭，默默地隨意牽起一隻羊離開。

從此，博士們沒有再因為分羊而起任何爭端。

貴爲漢朝「博士」的這些大學者們，個個都是學富五車的教育家，平日遍讀聖賢之書，滿口道德義理學問，看似氣度風範非凡，卻被分羊這件無關緊要的小事弄得如此緊張，形象盡失。

追根究柢，不過就是爲了個「貪」字。

這些「博士」並非大奸大惡之輩，他們也是平凡人，與你我一樣，不過比較有學問罷了。不論唸了多少書，懂得多少學識，若是眼光不夠長遠，心智不夠清明，一樣脫不了私心、貪念的糾纏誘惑，這是身爲「人」無法豁免的弱點。

只要有人願意學習故事中的甄宇，把貪心的套結從自己的脖子上去掉，那麼，理智的思維就會重新回到腦中。

想清楚，這些讓自己爭得面紅耳赤的事物，眞的值得嗎？非要把眼前的好處一網打盡，統統抓著不放才行嗎？很多時候，答案都是「不」，既然如此，又何必爭呢？

願意求進步，成功就能抓住

一個人在成功前，必定先付出了相當的努力，如果對自己現在的成就不滿意，那麼就去找出能改善、能進步的空間。

俄國作家托爾斯泰說：「天才的十分之一是靈感，十分之九是血汗。」

許多人相信命定說，認爲上天原本就不公平，總是賜給少數幸運兒較多的才能，而另外大多數的平凡人，則怎麼努力也無法獲得成功。

但是，所謂的「天才」，可能在大家所看不到的角落，默默付出了許多努力，這些辛勞得到的成果，卻被一無所知的我們認定爲「天賜」。

同理，對於自身的失敗，我們也常常將責任推卸給上天，認爲自己辦不到

只是因爲老天爺不賞臉。

但，捫心自問，眞是如此嗎？

呂蒙是三國時期吳國的大都督，在此之前，他不過是個普通的將領。

周瑜死後，吳國大亂，吳主孫權任命周瑜的好友魯肅為大都督，負責對抗北方的曹操和西方的劉備。

魯肅雖然不具備統領三軍的豪氣，但卻有伯樂之才，善於發掘人才並培養任用。在吳國的眾多將領中，魯肅唯獨慧眼相中呂蒙，認定他日後必能成大器，於是加以培養，希望有朝一日能夠代替自己成為吳國的棟樑。

每每在召集眾將開會研究軍情的時候，魯肅總是有意無意的點名呂蒙發表意見。呂蒙本是一員武將，講話缺乏連貫性，經常遭到眾人的恥笑和批評，但是他的意志堅決、頭腦冷靜、思路清晰，使魯肅感到很欣慰。呂蒙也有感於魯肅的欣賞和提拔，暗自下苦功夫研讀古今兵書戰策。

這一天，魯肅又召集眾人開會議政，仍然準備點名呂蒙在大夥面前講幾句話，不過還沒等到魯肅開口，呂蒙就主動站起來發言，而且說得頭頭是道，從遠古夏商周一路講到春秋戰國時期的各種典型戰例，如何以弱勝強，如何知己知彼講述得十分清晰。

這場演說徹底征服了在場的各位將領，連魯肅都感到非常意外，驚訝地說：「呂蒙將軍，才多長時間而已，想不到你已經有了這麼大的進步！看來，現在的呂蒙不再是昔日的吳下阿蒙！」

呂蒙則回應道：「有志者，就應當時刻嚴格要求自己，不斷地學習和進步，讓大家刮目相看。」

日後魯肅病逝，呂蒙果然代替他成為了吳國的大都督。

呂蒙之所以能成大事，在於懂得要求自己、鞭策自己，讓別人感覺到自己的進步，並以此爲目標，不斷努力，自我磨練。能夠如此持之以恆地充實自我，改善自身的缺點，離功成名就的日子，當然也不會太遠。

不妨問問自己，離開學校，踏進社會或工作崗位之後，仍能持續不輟地進

修，充實自己的知識與能力嗎？對於缺點是視而不見、不以爲意，或是不斷努力改善呢？又或者總是什麼都不做，只希望盡情玩樂、享受、混日子？

不要將成就高低的成因推給上天、推給時運。一個人在開創一番功業之前，必定先付出了相當的努力，如果對自己現在的職位或成就不滿意，那麼就去找出能改善、進步空間。呂蒙就是因爲不服輸、不認命，所以能夠克服障礙，樹立一個最好的榜樣。

在這世界上，沒有救不了的毛病，只有不願進步的人。

學會寬容，生活才會圓融

我們是不是常常對他人的錯誤暴跳如雷，卻不怎麼在意自己的缺失呢？是否拿著放大鏡檢視別人，卻沒看見自己的不對？

不論你有天縱的英才，或不過是一個普通的凡人，都會有犯過錯的時候。

不論是工作上、生活上，甚至是道德方面，我們都不可能事事做到盡善盡美，尤其許多時候，最寶貴的經驗常常來自錯誤的反省。

錯誤是在所難免的，但是，發生錯誤的時候，我們必須勇於認錯，如此一來，才會有在錯誤中學習成長的機會。

面對自己的錯誤是如此，而面對他人的錯誤時，我們又該如何呢？

從前，有一個人欠了大債主十萬兩銀子。當大債主前來討債時，此人既沒有錢，也沒有物，無力償還，於是大債主就要欠債人把他自己與妻子兒女都帶去賣了，償還所欠的債務。

欠債人無可奈何，只有俯伏在地，向大債主哀求說：「主人啊！請您千萬寬限幾日吧！我對天發誓，所欠的債將來一定想辦法還清，決不賴帳。」

大債主看他那副可憐巴巴的樣子，不禁動了仁慈之心，便叫他起來，並且免了他所欠的一切債務。

無債一身輕，欠債人歡天喜地走到街上，正好遇見了欠他十兩銀子的一個朋友，立即一把揪住他，掐著他的喉嚨，吼叫道：「快把你欠我的十兩銀子還給我！不然，我掐死你！」

他的朋友俯伏在地上央求說：「請寬限幾天吧，將來我一定如數還清欠你的銀子，一分也不少。」

可是，這個小債主竟忘記了那個大債主剛才對他的寬容，不顧一切地把這位欠帳的朋友送進了監獄，硬逼著他一定得還清債務。

他的朋友和周圍的人都看不慣他的所作所為，於是，有人就前去把這件事告訴了那個大債主。

那個大債主就把這人叫到跟前，對他說：「你這可惡的奴才，你欠我十萬兩銀子，為此哀求我的時候，我寬容了你；可是，你為什麼不能像我憐恤你一樣，憐恤只欠你十兩銀子的朋友呢？」

這位大債主對他也毫不留情，同樣把他送到監獄裡，直到他在牢裡做了幾十年的苦工，還清了所欠的債務後才放他出來。

有句話說：「嚴以律己，寬以待人」。

故事中的這位主角，顯然是把這句座右銘倒過來做了；大債主可以免了他所欠的十萬兩債務，這位仁兄卻無法忍受自己朋友賒欠他十兩銀子，表現出一副尖酸刻薄的嘴臉！

日常生活中，這樣的例子並不少見，我們是不是常常對他人的錯誤暴跳如雷，卻不怎麼在意自己的缺失呢？我們是否常會拿著放大鏡去檢視別人，卻沒有看見自己的不對呢？

更進一步來說，他人對我們的錯誤寬恕容忍，我們應該心存感激，並勉勵自己不要再犯；而我們對他人所犯的錯誤，是否應該更寬容一些，就如同故事中的大債主一樣呢？

尊重，才能換得心悅誠服

尊重別人，就是尊重自己，這不但能提升自己的格調，還可能順利化解許多波折與不幸，克服艱難的挑戰。

巴爾札克曾說：「一清如水的生活，真誠不欺的性格，即便心術最壞的人也會對之肅然起敬，無論在哪個階層。」

有一種行爲、一種態度，可以滌淨人的醜惡、提升人的格調，不分階層、族群甚至敵我。一旦我們做到之後，即使身處最混亂的時代與環境，都能收到相對的效果，那就是「尊重」。

三國時代，諸葛亮率領大軍征討南方部落，七擒孟獲，最後終於將其收服。平定了南中的蠻夷叛亂之後，諸葛亮任用以孟獲為首的當地首領為官吏治理南中，把軍政大權和地方治理權全部交給了這些當地首領們。

有人對這件事非常不理解，建議諸葛亮：「南蠻的心理難以預測，雖然今天順服了，明天仍有可能再次發動叛亂。應該趁著他們投降的大好時機，設置官吏治理當地百姓，才能夠使他們徹底歸順和臣服。不出十年，蠻夷必能成為蜀國的良民，這才是上上之策。」

諸葛亮聽此建議，先是和顏悅色的稱讚了一番，然後才語重心長的說：「如果設立漢人官吏，就要留下軍隊，但這裡無法提供足夠的糧食，此為困難之一。再說，南蠻剛剛經歷過戰亂，許多人的父親兄弟都死了，如果留下官吏卻沒有足夠的軍隊保護，必然引起禍患，這是困難之二。另外，許多當地人都犯有該被殺頭的罪，如果另設官吏，終究難以使他們相信自己會被饒恕，很容易再次產生矛盾和摩擦，此乃困難之三。而任命孟獲等當地首領統治南中，一方面說明了我方的絕對信任，他們必定會懷著感激的心情，盡全力治理好當地的事務；另一方面，當地人畢竟對南中的各方面情況比較熟悉了解，文化語言和風俗習慣也能相通，擁有治理南中的絕大優勢。我方既不用留下軍隊，也不必運送糧草，能使人民之間相安無事，這就是最大的成功啊！」

諸葛亮的一番話不僅說服了持反對意見的漢族官吏，並順利地使以孟獲為首的南中各部落頭目心悅誠服，誓言不負蜀漢，永不叛亂。

作家向樺曾寫道：「可以用舌頭解決的事，用拳頭不一定可以解決。」用「拳頭」可以解決的事，大都可以用「舌頭」解決，因此，當我們面對難以解決的問題時，有時候用「蠻力」不如用「腦力」。

諸葛亮尊重南中的領導者與人民，尊重當地的風俗民情，不因他們是手下敗將而步步進逼，同樣的，南中的領導者與人民也以相同的善意來回報，這就是互相尊重的最好示範。

希望讓人打從心裡敬重、順服，就得給予對方相對應的尊重與敬意，這是刀槍劍戟、武力欺凌鎮壓無法達到的。

唯有眞誠、了解以及尊重，才能由內而外讓對方感受到自己的心意，進而得到對方的善意回應。

不論面對至親好友、陌生人，甚至敵人，我們都必須心存尊重。尊重別人，就是尊重自己，這不但能提升自己的格調，還可能順利化解許多波折與不幸，克服艱難的挑戰。

當敵人也對我們心存敬意時，還有什麼事情辦不到呢？

10

心態持平，才能做出正確決定

人們常常因為喜愛、輕率，

而將現實美化與理想化。

因此，在做出任何決定之前，

我們都應該提醒自己，慎重，再慎重。

政策不公，小心引起紛爭

勞苦大眾最厭惡的就是看見那些不勞而獲的特權階級，付出的努力相同，得到的回報卻有著明顯差距，誰不會心生怨懟呢？

如果向幾位企業或是機關團體的管理階層發出一份調查問卷，題目是：就一個企業、一個團體的管理層面來說，什麼事最有可能會造成企業員工或團體成員的不滿、內部的猜忌與緊張？

不妨猜猜看，這些管理者一定不會缺漏的答案，究竟是什麼？

宓子賤是春秋時代魯國人，也是孔子的弟子，曾出任單父宰。

任職單父宰期間，正好碰上齊王下令攻打魯國，將要經過他所管轄的地方。當時正值秋收時節，田中的金黃麥穗結實纍纍，老百姓們對即將到來的豐收期待已久，誰知道齊國竟選擇於此時攻入，對人們的生計造成很大的影響。

有人向宓子賤建議：「大人，田裡的麥子已經成熟了，您就讓老百姓趕緊收割吧！這樣既可以增加國家的糧食收入，又不至於讓齊國撿了現成的便宜。」宓子賤沒有同意。

接著又有人進言道：「大人，敵軍馬上就打過來了，大家準備逃難，總得帶些糧食，更何況不能把辛苦耕種的麥子白白送給齊國人啊！您就准許我們隨便收割吧！」宓子賤還是沒有同意。

第三次，更多的人前來請求，甚至當場下跪磕頭，但是宓子賤依舊不肯讓步。大家心下都不服，氣憤不平地暗罵他真是個不愛民的糊塗官。

不久，齊國的軍隊果真打了過來，並毫不客氣地將田裡的麥子收割得一乾二淨，半點不留。這意外的收穫不但解決了糧食問題，又大大節省了運糧費用和軍隊開支，齊國將領士兵都為此樂得合不攏嘴。

戰爭結束後，魯國公子季孫得知這件事，非常生氣，懷疑宓子賤是否私下串通齊國，從中獲得某些利益，立刻命部下前往單父向宓子賤問罪。

宓子賤回答：「雖然今年損失了相當多麥子，但明年仍可以重新栽種，從頭來過。若是我一時心軟答應了任意收割的要求，竟讓那些平時不肯耕作的人得到了不屬於他的豐盛糧食，看在辛苦勞動的人眼中作何感想？那些平白收割麥子的人便會年年期待敵國入侵好再撿便宜。以單父一年的收成，收割與否對魯國的糧食總量並沒有太大影響，但是若讓百姓產生了期待不勞而獲的僥倖心理，由此造成的後患可會延續數百年啊！」

使臣聽完覺得有理，回朝稟報季孫。季孫聽後，慚愧地說：「唉！他說得對！如果地上有個縫，我一定馬上鑽進去，只因實在沒臉見宓子賤啊！」

不論主事者本身有意或無心，不公、偏私的政策或措施最容易讓底下的人心生不滿。勞苦大眾最厭惡的就是看見那些不勞而獲的特權階級，在同樣的環境條件下工作，付出的精神與努力明明沒有不同，得到的回報卻有著明顯差距，誰不會心生怨懟呢？

宓子賤寧可讓敵人來佔便宜，也不肯因爲戰爭的關係而破壞了「付出」與「所得」之間的平衡，這是他在兩害相權取其輕之後必須做出的抉擇。

一旦單父這個地方的人民開始抱著不平、不滿，以及想要不勞而獲的僥倖心態，身爲地方管理者所損失的，將不只是該年度的麥子收成，而是人心離亂之後衍生的生產力低下、內部鬥爭紛起，以及對「多勞多得」觀念的質疑。如此一來，誰還願意好好耕種？社會秩序又該如何維持？

一個管理者，不論所掌管的是企業、學校，甚至只是幾個人組成的小公司，絕對不能忘記的就是「公平」這個原則。

對辛勞付出的人要給予對等的尊重與待遇，對吝於努力的人則不能使其存有僥倖之心，因爲「天下沒有白吃的午餐」，一旦破了這個例，即使只有一次，都會造成不易匡正收拾的遺患。

人也可以成為「投資」的目標

投資，可以經營的不只有事和物，還包括了「人」！許多人考證照，培養第二專長，努力進修，正是一種勇於投資自己的寫照。

近來買樂透、玩彩券的風氣盛行，每到開獎前夕，總有許多人在投注站前大排長龍，期望能藉著一點小錢買個希望，以小搏大，得到上億彩金。

但是，大家心裡也明白，頭彩的中獎機率不過百萬、千萬分之一而已，哪能如此輕易到手？

誰都想要發財，想要享盡榮華富貴，不過，對於並非「銜著金湯匙出生」的大多數人而言，手上既沒有雄厚資本，能利用的資源也極爲有限，如何能和衆多對手競爭，甚至脫穎而出，得到想要的成果呢？

其實，「投資」未必純粹是以本錢定勝負的遊戲，只要抓對了觀念，便有相當多元的選擇，不一定非要靠砸大錢買基金、買股票、炒地皮才能致富。

子楚是戰國時代秦昭襄王的孫子，以人質的身分被送到趙國。他在趙國的日子並不好過，不但日夜受到監視，手頭也不寬裕。

此時，呂不韋正在趙國都城邯鄲做生意，他是個很有心機、很有遠見的人，一聽說子楚在趙國當人質，便馬上有了主意。呂不韋盤算著，秦國目前實力強大，未來極有可能稱霸一方，子楚眼下雖處境落魄，但應是個能成大事的人，若能輔助他登上王位，就可以成為秦國的功臣，到時候呼風喚雨，一輩子都有享不盡的榮華富貴，是非常值得的投資。

於是，呂不韋前去拜見子楚，期望能與他結交為友。子楚見到有人主動登門拜訪，願意與自己結交，當然很高興，於是兩人熱絡地談起話來。

當談到子楚的生活時，呂不韋同情地說：「公子，您住得太簡陋了，我願意幫助您，光大您的門戶。」

子楚聞言笑說：「你還是先光大你的門戶，再來幫助我吧！」

呂不韋一本正經地回答：「公子，您有所不知，我家的門戶要等您家的門戶光大之後才能光大。」

子楚是個聰明人，頓時明白了呂不韋話中流露的深層涵義，臉色不禁一變，請他細談他的計劃。

呂不韋分析當今秦國的形勢說：「現在秦王已經年老體弱，您的父親安國君被封為儲君。我聽說安國君十分寵愛華陽夫人，可是華陽夫人膝下無子，將來的王室繼承人勢必還是得從同輩兄弟中選出。現在您的兄弟共有二十多人，您排行居中，並不怎麼受到寵愛，還長期被當成人質，實在沒有任何優勢與那些整日圍在安國君身邊的兄弟們競爭，被立為儲君的機會很小啊！」

子楚聽了點點頭：「的確如此，那依你看我該怎麼辦呢？」

呂不韋答道：「您生活清貧，又客居此地，沒有錢財奉養雙親或結交朋友。我願意資助一筆財產，供您回到秦國後討安國君和華陽夫人歡心，如此一來，

被立為儲君的機會就大大增加了。」

子楚聽後高興得不得了，直說：「如果日後我真的能坐上秦王寶座，一定與您共享榮華富貴。」

在呂不韋的運籌帷幄與全力幫助下，許多年後，子楚果真成為秦國的國君，而呂不韋也就此平步青雲。

所謂的投資，就是運用非凡的想像力在腦海中描繪未來的遠景，並且腳踏實地積極推動自己的規劃，而不是光做成功夢。

成功學大師戴爾．卡內基曾說：「如果你真的相信自己，並且深信自己一定能夠達成夢想，你就真的能夠步入坦途，別人也會更需要你。」

呂不韋將優秀的商業頭腦運用在子楚身上，以子楚的前途當做生意來投資，到最後，子楚成功了，呂不韋也達到目的，開創自己更上一層樓的「事業」，這不能不說是一種非常高明前瞻的思考與嘗試。

投資，可以經營的不只有事、物，還包括了「人」！

想想呂不韋權傾天下的過程，不妨再仔細想想，呂不韋能這樣投資子楚，我們爲什麼不能這樣投資自己？

在這個「知識即資產」的年代，只要有心，肯花功夫、花時間，再平凡的人也能具備一身價値不凡的專業技能。許多人努力考證照，培養第二專長，把握在職進修的機會，正是一種勇於「投資自己」的寫照。

擁有一技之長，便等於爲自己開拓了一條康莊大道，通向美好的未來，不要吝於學習、吝於上進。靠山山倒，靠人人跑，投資自己最好！

沒有思考，就不算「知道」

身處資訊爆炸的時代，我們常常忘了一項事實：書本、媒體，都只是傳遞知識的工具，不能代表知識本身。

《論語》中有句耳熟能詳的話：「知之為知之，不知為不知，是知也。」字面的意思很簡單，內蘊的寓意卻相當深遠。我們對一件事情的認知有多少，都應該據實以定，而非胡混、瞎充、灌水，要先明白自己的不足，才可能慢慢地達到「知」的境界。

但是，偏偏有許多人，非但不曉得自己的「不知」與不足，反而還常常得到一點皮毛後便自以爲是、沾沾自喜。爲了避免成爲這樣的人，我們最好經常這樣反問自己：對於自以爲已經明白的事情，真的「知道」了多少？

戰國時，有位名震一時，非常善於相馬的大師，名叫伯樂。為了不讓自己相馬的經驗失傳，他曾在晚年寫了一本如何識別馬匹好壞的書——《相馬經》。這本書記載了他全部的相馬技巧和經驗，是一部不可多得的好書。

自從伯樂出名以後，原本清貧的家境一天比一天富裕，伯樂的兒子過了那麼久的苦日子，終於等到翻身的時候，自然不忘享受一番，鎮日吃喝玩樂。雖然伯樂很希望兒子能和自己一起尋找好馬，順便學習這門技術，可是兒子總是找出各種藉口推託，不肯出門。

伯樂的兒子知道父親寫了一本《相馬經》，心想只要看完那本書，不就等於學到了父親的全部本事，哪裡還需要不辭勞苦的出門東奔西跑呢？於是，便拿起《相馬經》在家裡仔細研究。幾天之後，他對伯樂說：「父親，您寫的相馬經我已經讀完了，其中的精要我全部都領悟啦！」

伯樂有意試探兒子的程度，便回答：「那好，幫我尋一匹千里馬來吧！」

兒子一聽，立刻拿起《相馬經》，翻到描寫千里馬的那一頁，唸著：「額頭豐滿，眼睛閃閃發光，蹄子又大又端正。嗯，這還不簡單！」

他高高興興出了門，走沒多遠，便看見前方不遠處有一條小河，河岸邊居然有一個「額頭豐滿，眼睛閃閃發光」的東西，還不時東張西望，蹦來跳去。伯樂的兒子想，這和父親書上所描述的差不多，雖然蹄子不夠大也不夠端正，不過應該不會差到哪裡去，十之八九就是千里馬。於是，立刻挽起褲管，下河抓住「千里馬」，連跑帶跳地回家。

還沒進門，他就扯開嗓子高喊：「父親，父親，我抓到千里馬了，您快來看啊！」伯樂一聽，迅速從屋中跑了出來，可是當他看到兒子抓在手中的竟是隻癩蛤蟆，不禁火冒三丈，氣得幾乎當場暈過去，連一句話也說不出來。

兒子不知情，還興沖沖地強調：「您看，我找到了，和書上所寫的大致相同，只是四個蹄子達不到『又大又端正』的標準罷了。」

伯樂簡直哭笑不得，只好回說：「是啊！這匹馬最適合跳遠，可惜不能用來拉車，也跑不快。」兒子一頭霧水，弄不清父親話中的意思，呆愣在原地。

伯樂的兒子只知道把書裡的文字原封不動搬出來，事實上對千里馬一點概念也沒有，不過是「按書索驥」，亂抓一通而已，連自己抓到的究竟是馬或是癩蛤蟆都分不清楚。

身處資訊爆炸的時代，我們常常忘了一件很重要的事實：書本、媒體等，都只是傳遞知識的工具，不能代表知識本身，即便將它們唸得再熟，只要不能落實應用，都算不上眞正的掌握。

《菜根譚》中所謂「功夫自難處做去，學問從苦中得來」，便是告訴我們，沒有經歷過艱苦的求知、驗證，那些印在白紙黑字上的文字，就無法落實到身上，如此，我們又怎麼敢妄言自己「知道」、「明白」了呢？

期望有所得，必先要有相對應的付出。在資訊隨手可得的今天，我們得要花更多的時間去驗證、去思考、去歸納，才能眞正將「資訊」轉爲「知識」，內化爲思考行動的一部分。

心態持平，才能做出正確決定

人們常常因為喜愛、輕率，而將現實美化與理想化。因此，在做出任何決定之前，我們都應該提醒自己，慎重，再慎重。

有句話是這樣說的：「愛，使人盲目。」

事實上，即便拋開男女間的情愛不談，光是憑著對一個人的欣賞，就足以讓我們做出很多超乎常理的事。

但是，這樣的付出，對於承受的那個人來說，卻可能太過沉重。

春秋時期，鄭國大夫子產行事公正，令人佩服。

一次，子皮提出有意讓尹何擔任封地長官一職。

子產以商量的口吻回應道：「尹何太年輕了，尚不知道能否勝任。」

子皮笑著回答：「尹何這個人挺老實的，不會背叛長上，我很喜歡。這正是個讓他學習磨練的好機會，反正是管理我的封地，我自然會多加照顧，有什麼好擔心的呢？」

子產聽了，皺起眉頭：「這樣做似乎不太合適。大凡一個人喜歡另一個人，總是想對他好，但是，您因為喜歡尹何就把政事交給他，就好像讓一個不會拿刀的人去割東西，他不但無法順利割開東西，反而更可能使自己受到傷害。這樣一來，所謂的喜愛，卻造成反效果，大家看在眼裡，以後誰還敢再求您的喜愛呢？更何況，您是鄭國的棟樑，如果不慎折斷傾倒，整間屋子將會隨之崩毀，我也會被壓在底下無法脫身的。」

子皮頓時陷入了深思，子產繼續說：「若您有一塊華麗昂貴的綢緞，打算做成衣服，絕對不會先把它拿出來當作練習用的布料。同理，重要的官職，龐大的封邑，對您來說是絕不可失去的庇護條件，而您卻放心讓什麼都還不懂的

人去學著管理，不是比拿華麗的綢緞做練習更加可惜嗎？」

子產接著說：「我只聽說學成之後才能參與管理政務，從來沒有聽說把管理政務當作一種學習的機會。又比如打獵，只有熟練於射箭和駕車的人，才能擒獲獵物，如果從沒有射過射箭，也沒有駕過軍，那麼一定會從頭到尾擔心翻車壓人，哪裡還有閒工夫去琢磨如何獵獲禽獸呢？」

子皮忙道：「您說得對，是我太愚昧了。常聽人說，君子專門研究重要和長遠的事，小人只會注意細小的、眼前的事。我就是小人啊！衣服穿在身上，我知道愛護；對於重要的官職、龐大的封邑，我卻疏忽輕視，真是糊塗！沒有您今天的一番話，我絕不會領悟這些道理。」

人們常常過度感情用事，並將現實美化與理想化。就像故事中的子皮，因爲賞識尹何，便想把自己的封地交給他管理，以「磨練」爲理由，卻不顧尹何的年紀、能力是否眞能適任。

只要經過全盤仔細考量，子皮便會發現這樣的舉動，不但可能害了尹何與自己，對於封地的人民也不甚公平。

還沒能夠走路，便想要他飛，這究竟是愛，還是一種傷害？

我們會對別人心生欣賞或是喜歡是理所當然的，但要小心隨之而來的輕率與偏頗。因爲喜愛，因爲輕率，每個人都可能犯下跟子皮一樣的錯誤，產生一樣的盲點，但那個時候，身邊未必會有一位如子產這般的良師益友點醒自己。

因此，在做出任何決定之前，我們都應該隨時提醒自己，愼重，再愼重。

斬斷退路，才能向前衝！

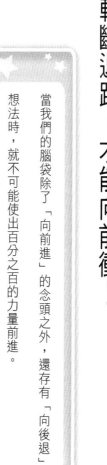

當我們的腦袋除了「向前進」的念頭之外，還存有「向後退」的想法時，就不可能使出百分之百的力量前進。

多數人在計劃事情的時候，總會希望盡量把各種可能發生的情況計算進去，設想未來可能會發生什麼樣的變數，若是走到那一步自己又該如何應對……如此這般，逐步地盤算。

在人生旅程中，我們也免不了要爲自己的前途操心，特別是在面臨衆多關卡與抉擇的交叉路口，更是會想要事先做幾回「沙盤推演」。比如，如果畢業後沒有進入理想的某某公司，就先到另一個地方上班；如果明年沒有考上某某執照或資格，便只好退而求其次，找別的工作……

雖然有許多不同的選擇是件好事，可以讓我們少承擔一些打擊風險，但換個角度想，當「考慮」與「退路」太多的時候，是否也間接削弱了那種不顧一切奮勇向前的魄力與決心？

秦始皇平定六國，一統天下之後，大肆剝削百姓，橫徵暴斂，結果弄得民不聊生，怨聲四起。

終於，在秦二世即位後不久，各路諸侯起兵造反，其中，以項梁為首的義軍和以劉邦為首的部隊聲勢最為浩大。

項梁手下有一員猛將——他的侄兒項羽，勇猛過人，平生從未遇過對手。一次，秦國大將章邯的軍隊在定陶遭遇項梁，兩軍發生激戰，結果足智多謀、英勇善戰的章邯獲勝，並且俘虜了大部分敵兵，項梁在這場戰鬥中不幸被殺死，項羽順理成章接下了統帥之位。

章邯乘勝追擊，指派手下戰將王離和涉閒繼續攻打趙國。王涉二人率領幾

萬大軍把鉅鹿城層層包圍，打算困死城內的士兵和百姓。項羽得到鉅鹿被困的戰報，派遣英布和另一個姓薄的將軍率兩萬兵馬前往救援，但英布的軍隊沒能攻破秦軍的防守，項羽於是親自率兵出擊。

當部隊渡過漳河之後，項羽命令士兵把所有的船隻底部鑿穿，任其沉入河底，又命令士兵把全部的飯鍋打碎，連岸上的房屋都放一把火燒光，每個士兵只配給三天份的乾糧。

然後，項羽召集所有士兵，親自對他們說：「現在已經沒有退路了，從現在起就要勇往直前，不能再存有絲毫撤退的想法和戰敗的念頭，如果打不過王離，就只有被秦軍殺死或者活埋的份，所以我們必須想盡一切辦法戰勝敵人，才有辦法活下去，大家都清楚了嗎？」

眾士兵齊聲高呼：「活捉王離，活捉王離！」表明了必勝的信心後，便浩浩蕩蕩地出發了。

兩軍很快在鉅鹿城下發生激戰，沒有任何退路的楚軍表現極為勇猛，很快打敗秦軍的前鋒。不過，王離的手下將領涉閒聞訊率領部隊趕來救援，再次展開戰鬥，由於雙方勢均力敵，竟僵持了兩天。雙方歷經八次交戰之後，項羽的部隊已經又困又乏，手邊也只剩下半天份的乾糧，若再不能一舉戰勝敵人，將難逃活活餓死或被殺死的下場。

這個時候，項羽再一次對眾士兵訓話：「兵士們，只剩唯一的一次機會了，這一次不是我們取勝，就是被敵人活埋，大家準備廝殺吧！」說完，他身先士卒，策馬帶領眾將士衝向敵方陣營。

一見主帥如此驚人的氣魄，沒有退路的士兵們受到鼓舞，個個奮勇爭先，最後終於如願滅掉秦軍。

鉅鹿之戰中，破釜沉舟的項羽從此揚名天下，成為各路義軍的統帥。

面臨危機的時候，爲何還要孤注一擲、斬斷生路呢？

理由其實很簡單，當士兵的腦袋除了「向前進」的念頭之外，還存有「向後退」的想法時，就不可能使出百分之百的力量前進。

當一個人的背後是萬丈懸崖絕壁，那麼即便前方有虎有狼，還是會盡力闖

一關，以求生存，這就是項羽的思考模式。

有時，可以走的路太多，可以挑的選擇太多，反而讓我們不知從何抉擇起，甚至不知該使出幾分的力量。

退路讓我們迷惑、卻步、猶豫、徘徊，在這樣的情況下，倒不如學學項羽，效法他的氣魄與決心，告訴自己：「我只給自己一條路走，那就是拿出百分之百毫不保留的力量，向前衝。」

半途而廢的人不會有成就

許多人喜歡追逐時機做事，一窩蜂地跟隨四周環境而改變，結果反而什麼都沒有辦法累積，也找不出真正屬於自己的方向。

《聖經》上有一句話是這樣說的：「專心一件事，就該忘記背後，全力追求前面的目標。」

事實上，要達到成功，光忘記背後恐怕還不夠，有的時候，甚至還得要拿出完全無視周遭環境影響的勇氣呢！

從前，在鄭國一處偏遠的地方，有個一事無成的人。他從很久以前便想學

習一項技術賺錢謀生活，可是總是不成功。

年輕的時候，他曾聽人說製傘這個行業很不錯，就立刻離開家鄉去拜師學習製傘。他學得很快，沒多久便學成歸鄉。

不巧的是，這一返家竟碰上了連續三年大旱，天空不下半滴雨，土地乾到幾乎冒煙龜裂，做好的傘連一點用處都沒有，他就放棄了製傘，改行學習製作打井水的工具。等他把這門技術學成，偏偏又遇上了連續三年大雨，做出來的打水工具同樣乏人問津，派不上用場。

這個人想來想去，考慮了好一陣子後，覺得還是做傘吧！於是又走回老本行。但等他重新做好大量的傘，準備拿到街上去賣的時候，正逢鄭國強盜作亂，戰火四起，老百姓都穿上軍裝打仗去了，很少有人用傘，於是他又打算轉行做兵器，但這時的他早已年老力衰，想學都學不成了。

在越國，有個擅長種地的人，能種出特別漂亮好吃的瓜果蔬菜，因此非常受歡迎。但他並不就此感到滿足，反而想嘗試種些五穀類作物，因為那個時候糧食非常短缺，又值錢又珍貴。不過，糧食和蔬菜類的種植方法有很大的區別，他過

去從來沒有接觸過，因此身邊的親朋好友全都不贊成，甚至大力勸阻。儘管親友的話並非沒有道理，但這個人一旦下了決心便不輕易改變，決定要改種水稻，無論如何，不成功絕不罷休。

於是，他找了一片荒山上的土坡，開墾出一塊田地，種起水稻來。由於他非常精通種植，再加上肯悉心鑽研，第一年就有了難得的大豐收。但是接下來，便碰上數年大旱，水田經營維持不易，許多人見狀便勸他，何不把田裡的水放出去，改種禾黍呢？但他仍堅持理念，不改初衷。

果然，當氣候回復正常之後，田裡的稻作又欣欣向榮了。這個人計算了一下收穫，發現不但抵過歉收時的產量，反而頗有盈餘。

眾人看到他的恆心終於得到回報，感到非常佩服，紛紛向他請教起種植水稻的竅門來。這個人一點也不藏私，詳細地講解傳授所有心得，末了還不忘叮囑眾人一句：「無論天氣如何變化，切記不能半途而廢。」

莎士比亞曾說：「凡事皆需盡力而為，半途而廢者永無成就。」

許多人喜歡追逐時機做事，現在流行什麼就做什麼，一窩蜂地跟隨四周環境而改變，但是，「計劃永遠跟不上變化」，常常在事業或生意開始穩定下來之前，又發現大環境早已在不知不覺中改變，於是再跟著見風轉舵。

這樣一來，什麼都沒有辦法累積，永遠追著流行的腳步走，結果反而找不出眞正屬於自己的方向。

當我們認定了一個目標之後，就應當堅持到底走下去，不要管四周環境一時的變化如何，甚至無須太在意他人的眼光。

擬定目標需要遠見，堅持下去則需要毅力以及勇氣。隨便決定、隨便放棄，到最後一定會隨隨便便地賠上自己的前途。必先堅持目標，才能歡呼收割，這是值得我們謹記的眞理。

化繁為簡才能得到最好的效果

越是暮氣沉沉，越是接近滅亡衰敗的團體或國家，越會有繁瑣的限制與束縛，阻止事情以最快最有效率的方式進行。

兩點之間最近的距離是什麼？

問題相當簡單，相信大家應該都清楚，兩點之間最近的距離就是「直線」。

這個道理，用在人與人之間的相處互動也一樣。如果要得到最快、最不浪費時間的結果，「直接溝通、直接進行」不失爲最便捷的方式。

但是，爲什麼在辦事與洽公的時候，我們卻往往得遇上許多不得不迂迴的彎曲、以及不必要的拖延呢？

這是因爲大家都忽略時間也是一種寶貴成本，忽略了「時間就是金錢」的基本理念，也忽略了「節省時間，提高效率」就是成功的關鍵，因而把時間耗費在繁文縟節上頭。

天下太平後，姜太公被周王封於齊，不到半年，就回朝廷向周王報告，表示齊地的政事制度已全部安排好，人民也安定下來，一切都進入正常軌道。

當時周公攝政，對他的話不太相信，便問：「怎麼這麼快？」

姜太公答道：「我只是簡化了君臣上下繁複的禮儀，又不改變當地的風俗習慣。比如，原來大臣覲見齊國君主要先經過幾重審批，無論多緊急的事情，都不能破例，這樣誤時又誤事，各處衙門長官在做出決定之前也必須事事向大王稟報，沒有辦法自主。現在我授予各衙門長官一定的權限，小事自己做主即可，不但提高了工作效率，還使他們更加積極投入。此外，我保留齊地的風俗習慣，使百姓不會感到生活有太大的變化，反而更加輕鬆，人民安居樂業，國內秩序井然，政治局面自然能在短時間得到安定。」

同時期，周公派他的兒子伯禽去治理魯國，花了三年才將政事安排妥當。

周公問：「怎麼這麼慢？姜太公只需半年就使齊國穩定了。」

伯禽答道：「這是因為我改變了原有的風俗，制定了新的禮儀，例如必須親喪三年才能除掉喪服。」

周公聽了，不禁搖搖頭說：「這樣下去，恐怕魯國的人都會搬到北面的齊國去了。國政繁瑣而不簡便，百姓們就不容易和君主親近，也更加不可能依附他，愛戴他了啊！」

姜太公管理國政的方法，的確値得我們引以爲鑑。

傳統的東方社會中，有太多繁文縟節、太多人情世故，讓事情無法以最直接的方式進行。向上通報一個問題，要先經過層層關卡、層層單位，等傳達到管理者或主事者身上，早就不知道過了多久，也失去了時效性。現今世局變化得這麼快，舊的問題尚未解，新的挑戰已經相繼出現，層層疊疊沒有解決完的一天，這樣下去，要不糟糕也難。

如果身爲主事者，就有責任把這複雜的流程簡化；如果不是主事者，則應該提出改進的要求，並予以監督。

如此一來，無論在上位或在下位者，都將共蒙其利。

越是暮氣沉沉，越是接近滅亡衰敗的團體或國家，越會有繁瑣的限制與束縛，阻止事情以最快最有效率的方式進行。適時的「化繁爲簡」、「化間接爲直接」，將是團體向前邁進的強心針！

The Art of War

孫子兵法

活用兵法智慧，才能為自己創造更多機會

完全使用手冊

不動如山

《孫子兵法》強調：

「古之所謂善戰者，勝於易勝者也；
故善戰者之勝也，無智名，無勇功。」

確實如此，善於作戰的人，總是能夠運用計謀，
抓住敵人的弱點發動攻勢，用不著大費周章就可輕而易舉取勝。
活在競爭激烈的現實社會，唯有靈活運用智慧，
才能為自己創造更多機會，想在各種戰場上克敵制勝，
《孫子兵法》絕對是你必須熟讀的人生智慧寶典。

聰明人必須根據不同的情勢，採取相應的對戰謀略，
不管伸縮、進退，都應該進行客觀的評估，如此才能獲得勝利。
千萬不要錯估形勢，讓自己一敗塗地。

Thick Black Theory is a philosophical treatise written by Li Zongwu, a disgruntled politician and scholar born at the end of Qing dynasty. It was published in China in 1911, the year of the Xinhai revolution, when the Qing dynasty was overthrown.

左逢源 編著

孫子兵法

The Art of War

活用兵法智慧，才能為自己創造更多機會

三十六計

三國奇謀妙計

《孫子兵法》說：

「善戰者立於不敗之地，
而不失敵之敗也。是故勝兵先勝，而後求戰；
敗兵先戰，而後求勝。」

確實如此，善於心理作戰的聰明人，都不會錯過打敗敵人的良機，
也不會坐待敵人自行潰敗。
不管任何形式的競爭都必須具備一定的競爭謀略，
從不斷變化的情勢看準有利的機會迅速出手，為自己牟取最大的利益。

唯有靈活運用智慧，才能為自己創造更多機會，想在各種戰場上克敵制勝，
《孫子兵法》與《三十六計》絕對是你必須熟讀的人生智慧寶典。

Thick Black Theory is a philosophical treatise written by Li Zongwu,
a disgruntled politician and scholar born at the end of Qing dynasty.
It was published in China in 1911, the year of the Xinhai revolution,
when the Qing dynasty was overthrown.

The Art of War

Thick Black Theory is a philosophical treatise written by Li Zongwu,
a disgruntled politician and scholar born at the end of Qing dynasty.
It was published in China in 1911, the year of the Xinhai revolution,
when the Qing dynasty was overthrown.

羅策

智謀經典

17

做人靠智慧，做事靠謀略

作　　者　金澤南
社　　長　陳維都
藝術總監　黃聖文
編輯總監　王　凌
出 版 者　普天出版家族有限公司社
新北市汐止區康寧街 169 巷 25 號 6 樓
TEL / (02) 26921935 (代表號)
FAX / (02) 26959332
E-mail：popular.press@msa.hinet.net
http://www.popu.com.tw/
郵政劃撥 19091443 陳維都帳戶
總 經 銷　旭昇圖書有限公司
新北市中和區中山路二段 352 號 2F
TEL / (02) 22451480 (代表號)
FAX / (02) 22451479
E-mail：s1686688@ms31.hinet.net
法律顧問　西華律師事務所・黃憲男律師
電腦排版　巨新電腦排版有限公司
印製裝訂　久裕印刷事業有限公司
出 版 日　2020 (民 109) 年 1 月第 1 版
ISBN◉978-986-389-699-9　　條碼 9789863896999

國家圖書館出版品預行編目資料

做人靠智慧，做事靠謀略／
金澤南著.—第 1 版.—：新北市,普天出版
民 109.01 面；公分. - (智謀經典；17)
ISBN◉978-986-389-699-9 (平裝)

普天之下・盡是好書
普天出版家族
Popular Press Family
凌雲文創
A Plus Creative Company